LE NOUVEL ORDRE PROLÉTAIRE

Autrement**Frontières**

Collection dirigée par Henry Dougier

www.autrement.com

Illustration de couverture : © Martin Parr/Magnum Photos

JACQUES RIGAUDIAT

LE NOUVEL ORDRE PROLÉTAIRE

Le modèle social français face
à l'insécurité économique

Éditions Autrement**Frontières**

« L'optimisme social, que tout le monde partageait encore, il y a quelques années, ne peut plus être prêché aujourd'hui que par les gens de mauvaise foi ou les imbéciles. »

Eugène Buret, *De la misère des classes laborieuses en Angleterre et en France*, Paris, Paulin, 1840.

INTRODUCTION. LE RETOUR DE LA QUESTION SOCIALE

Ce livre est le résultat d'une lecture et d'un étonnement. La lecture est celle de deux rapports officiels[1] sur la pauvreté et l'exclusion sociale. Tous deux étant très remarquables, on pouvait imaginer – et espérer – que, face à la description de notre société qu'ils offraient, un minimum de commentaires s'ensuivraient. Rien de cela, ou presque. Ils tombèrent quasiment à plat, dans un silence que l'on aurait aimé qualifier de respectueux mais n'était qu'indifférence. De là, l'étonnement : ce mutisme était décidément symptomatique d'une société qui n'aime à se retrouver que dans les dehors qui la flattent et ne souhaite guère qu'on lui montre les travers qui pourtant la fondent.

Le paupérisme, cet « appauvrissement d'une classe sociale par rapport à l'ensemble d'une société » dont parle le *Grand Robert*, cette paupérisation de masse à laquelle nous assistons depuis maintenant plusieurs décennies, n'a pas bonne presse. Il faut à celle-ci, comme on l'a vu lors de l'automne 2005, à l'occasion de l'explosion des banlieues, le flamboiement du spectaculaire pour s'interroger sur ce qui n'est que depuis trop longtemps le banal horizon quotidien de tant de nos concitoyens.

Certes, une telle analyse peut paraître injuste : de l'abbé Pierre et ses communautés Emmaüs aux Enfoirés des Restos du cœur, en passant par le mouvement ATD Quart Monde ou Les Enfants de Don

1. Observatoire national de la pauvreté et de l'exclusion sociale, *Rapport 2003-2004*, Paris, La Documentation française, 2004 ; Fitoussi Jean-Paul, *Ségrégation urbaine et intégration sociale*, Laurent Éloi et Maurice Joël, rapport n° 45, Conseil d'analyse économique, La Documentation française, 2004.

Quichotte, la pauvreté ne donne-t-elle pas à la conscience collective maintes occasions de manifester sa vertu à des intervalles qui ne sont que trop réguliers ? De telles manifestations sont sans doute nécessaires pour la solidarité qu'elles témoignent comme pour le soulagement concret qu'elles procurent : des repas pour ceux qui ne mangent pas à leur faim, des refuges provisoires pour les sans-abri, de l'activité – un peu –, pour ceux qui sans cela seraient désocialisés... Ce n'est pas rien. On ne saurait pourtant s'en tenir là, à cette célébration de notre compassion ; ce serait oublier ce qui distingue paupérisme et pauvreté.

La pauvreté désigne d'abord la situation objective d'un individu. Pur constat d'une insuffisance de moyens pour vivre, elle est sans cause *a priori* assignée et n'emporte pas de sens particulier. C'est, par exemple, ne rien dire de la condition ouvrière[2]. Là où il n'y a que des pauvres, il n'y a pas de question sociale : pas de prise de conscience du risque de dissociation de la société. Il n'y a que des secours à apporter et de la compassion à offrir. La reconnaissance d'une pauvreté massive offre ainsi l'occasion de déplorer la réalité d'une condition qui ne peut passer pour satisfaisante, mais ne dit rien de ce qui la constitue. Elle autorise alors aussi bien – c'est selon ce que nous sommes et ce que nous voulons – à mettre en avant la responsabilité des pauvres dans la situation qui est la leur qu'à tenter de leur porter secours. Elle permet, en somme, de nous offrir le spectacle de ce que nous acceptons comme objet de notre propre compassion. « La plus douce des jouissances », à en croire cette vieille baderne d'Adolphe Thiers[3], qui s'y connaissait en la matière, est celle que l'on « tire du plaisir que l'on éprouve à soulager l'homme souffrant ».

S'en tenir à la reconnaissance d'une pauvreté massive, c'est inévitablement s'engager dans la réactivation des vieux mécanismes de

2. C'est ce qu'avait, par exemple, déjà souligné Marx à propos de sa lecture de Necker : « L'antagonisme des classes dans la société capitaliste présenté comme un antagonisme entre pauvreté et richesse » (in *Théories sur la plus-value*, Paris, Éditions sociales, 1974, t. I, p. 351).
3. Adolphe Thiers dans son célèbre *Rapport général présenté au nom de la commission de l'assistance et de la prévoyance publiques* (1850).

la charité, même si c'est désormais selon les impératifs de la société du spectacle, où les prestations des Enfoirés ont remplacé les visites aux pauvres des riches paroissiennes de jadis. C'est aussi, selon une dialectique bien au point dans la chrétienté depuis au moins un millénaire[4], s'imposer de savoir au préalable faire le départ entre bons et mauvais pauvres. Exercer sa miséricorde, c'est d'abord s'obliger à faire un tri et à désigner qui en est digne, ou pas ; comme chacun le sait, et comme Michel Rocard s'était aventuré à le rappeler quand il était Premier ministre : on ne peut faire face à toute la misère du monde... S'engager sur cette voie c'est, peu ou prou, ramener la solidarité à l'assistance. On n'y définit pas des droits mais, au mieux, des éligibles.

Partir d'un constat de paupérisme, c'est, à l'inverse, désigner une situation de masse qui concerne un groupe, et non une collection d'individus. Loin de renvoyer aux seuls aléas de la vie, cet état apparaît alors tout entier contraint par les mécanismes qui structurent notre société et la banalité quotidienne et triviale de son fonctionnement. Une telle lecture amène naturellement à une analyse critique de ses ressorts, si puissants qu'ils créent une réalité aux antipodes du mythe fondateur censé nous constituer en société démocratique : le récit républicain de l'égalité des citoyens, dans leurs droits comme dans leurs chances. Qu'on le veuille ou non, l'existence du paupérisme ressuscite une analyse en termes de destins différents. Ou, pour le dire plus clairement, de classes sociales.

À en croire les statistiques européennes, un Français sur huit est pauvre. Ce n'est pas rien, on en conviendra, et cela suffit à disqualifier toute velléité d'autosatisfaction sur le fonctionnement de notre société. Mais la nouveauté n'est pas là, dans l'enracinement d'une précarité massive : l'existence d'une pauvreté importante est

4. Dans l'abondante littérature qui traite de ce sujet, on se contentera ici de renvoyer le lecteur intéressé à deux livres : le texte, désormais classique, de GEREMEK BRONISLAW, *La Potence ou la Pitié*, Paris, Gallimard, 1987 ; et SASSIER PHILIPPE, *Du bon usage des pauvres*, Paris, Fayard, 1990.

attestée depuis longtemps, peut-être même faudrait-il dire depuis toujours. La rupture avec notre passé récent est ailleurs, dans l'identité de ceux que cette situation touche désormais, les travailleurs pauvres. Et ceux-là sont ouvriers et employés : les couches populaires sont électivement frappées par les mutations en cours. Aujourd'hui comme hier, le paupérisme appelle au retour de la question sociale.

Ce que l'on découvre ainsi, qui a été qualifié de « fracture sociale », marque une franche rupture avec la période précédente, ces Trente Glorieuses où l'on avait pu croire à la société d'abondance comme à la résorption des inégalités ; où l'on espérait une « moyennisation » progressive des conditions et un « embourgeoisement » de la classe ouvrière. Une ère nouvelle, la nôtre, s'est donc ouverte ; synonyme de crise sociale, tant les institutions de solidarité collective sont devenues impuissantes à endiguer les causes comme à absorber les effets de la précarité matérielle des individus.

Il n'est guère étonnant que le constat d'une distance aussi abyssale entre la réalité et l'idéal égalitaire dont nous nous réclamons publiquement conduise à mettre en cause notre « modèle social ». Il l'est aujourd'hui doublement.

D'abord parce que ceux-là qui ont à l'éprouver ne connaissent que trop bien ses limites et ses faux-semblants : ils s'y heurtent, s'y épuisent ; finalement, ils en désespèrent. En s'installant dans la durée dans une partie de la société, la pauvreté change de nature et nous oblige à changer de vision. Ce à quoi l'on se heurte ne peut plus passer comme résultant de « simples » – si l'on ose dire – inégalités auxquelles il conviendrait de remédier ; pas plus que d'exclusions liées à des caractéristiques personnelles. Il ne s'agit pas d'accidents, de situations individuelles additionnées par le fait des hasards et des inévitables aléas de l'existence. Le caractère collectif et massif de cet état de choses ne permet plus d'y voir de déplorables mais innocents écarts à notre cher vieux principe d'égalité ; des exceptions supposées confirmer la règle. Leur inscription dans le territoire des « quartiers » a depuis longtemps fait parler de

« relégation[5] », d'« exil[6] » ; aujourd'hui, leur fixation fait évoquer la ghettoïsation[7]. Leur installation dans la durée les transforme en processus de *discrimination*, ayant pour objet de distinguer un groupe social en le traitant plus mal, et en mécanismes de *ségrégation*, aboutissant à une séparation imposée suivant la condition sociale.

Il ne s'agit pas de différences que l'on pourrait encore dire subsidiaires entre des individus qui, par ailleurs, demeureraient fondamentalement égaux. La pauvreté ne peut plus être réduite, comme le voudraient les libéraux et quelques autres avec eux, à l'effet de tares personnelles. Elle est d'abord le résultat d'une mécanique sociale qui s'impose aux individus et les écrase dans un destin collectif dont seuls certains parviennent à s'évader.

Le modèle social démocratique/républicain qui est le nôtre fonctionne alors comme un boomerang. C'est que le terme « modèle », par sa polysémie (neuf significations différentes sont attestées par le dictionnaire), est particulièrement ambigu. Il désigne aussi bien une « représentation simplifiée d'un processus ou d'un système », une maquette de la réalité donc, que « ce qui sert, ou doit servir, d'objet d'imitation », un idéal à faire vivre. Il nous parle aussi bien de ce qui est que de ce qui devrait être. Dans le vide avéré qui sépare ce qui est – le paupérisme, les discriminations – de ce qui est supposé devoir être – l'égalité des droits et des chances –, naît une tension. Et, avec elle, la possibilité d'une prise de conscience où naissent refus et revendications nouvelles. Ces rejets peuvent être violents, comme les émeutes des banlieues de l'automne 2005, ou silencieux, comme l'abstention électorale massive des couches populaires ; les revendications peuvent être particulières, comme la montée des volontés de reconnaissance identitaire, aussi bien que collectives, comme dans les luttes touchant à la protection sociale (la réforme des retraites, en 1995 puis 2003) ou au contrat de travail

5. Delarue Jean-Marie, *Banlieues en difficulté : la relégation*, Paris, Syros, 1991.
6. Dubet François et Lapeyronnie Didier, *Les Quartiers d'exil*, Paris, Le Seuil, 1992.
7. Maurin Éric, *Le Ghetto français*, Paris, Le Seuil, coll. « La république des idées », 2004.

(le contrat première embauche ou CPE en 2006). Toutes témoignent d'une absence durable de prise en charge réelle dans le champ du politique ; que celle-ci soit à référer à une impuissance alléguée ou à une absence de volonté.

Ce faisant, le constat du paupérisme est aussi à l'origine d'une tout autre critique : elle provient de ceux qui veulent voir dans cette crise sociale non l'effet d'un profond changement de régime économique, mais celui d'une incongruité de la philosophie même de notre système. « Le modèle social français (enfin) en question », a pu ainsi titrer récemment un grand hebdomadaire. Il s'agit alors non de réformer les institutions de solidarité, mais de les bouleverser en vertu d'une nouvelle organisation de nos principes : moins d'égalité, plus de liberté, d'autonomie et de responsabilité personnelle. En se targuant de refuser l'impuissance, en affirmant une ferme volonté de transformation, la proposition peut paraître séduisante. Elle conduit pourtant à vouloir démanteler des institutions – le Code du travail, l'indemnisation du chômage, les différents dispositifs de protection sociale, etc. – qui permettaient jusqu'alors aux plus faibles d'être, tant bien que mal, assurés d'un minimum de sécurité.

C'est que la crise n'est ici reconnue que pour mieux être mise au seul compte du fonctionnement, jugé malsain, d'une sphère sociale artificiellement séparée de l'économie, ainsi exonérée de toute responsabilité. Nous verrons pourtant combien les difficultés propres de notre « modèle » tiennent moins à son éventuelle perversité intrinsèque qu'à sa difficulté à se redéployer efficacement face à la nouvelle donne absolue que représentent la mondialisation et ses effets.

Par la réalité des conditions personnelles que ce mot recouvre, la pauvreté de masse qui constitue le paupérisme comme les précarités qui l'organisent sont un scandale social et un défi nouveau pour les pouvoirs publics. Par leur ampleur et leur enracinement, par les

« fractures sociales », par l'injustice qu'elles font apparaître, elles témoignent aussi d'une crise de la démocratie[8]. « Le but final de l'instauration d'un régime politique n'est pas la domination, ni la répression des hommes, ni leur soumission au joug d'un autre, pensait Spinoza. Ce à quoi vise un tel système, c'est à libérer l'individu de la crainte – de sorte que chacun vive autant que possible en sécurité... » De cela, l'insécurité économique et sociale de masse est la négation en actes. On ne peut alors s'étonner que son installation conduise partout en Europe à une montée des populismes[9]. L'invocation sans cesse réitérée des valeurs républicaines supposées nous fonder ne peut suffire à en conjurer et encore moins en écarter le péril.

Reconnaître ces réalités-là, c'est devoir se mettre en état d'assumer clairement que notre modèle social n'est plus opératoire, qu'il lui faut se renouveler en profondeur, et qu'il n'est plus possible de demeurer figé dans le regret nostalgique d'une période à jamais révolue. Mais c'est aussi dire que nos institutions de protection collective ont dû faire face à un risque nouveau, pour lequel elles n'avaient pas été construites : celui d'une insécurité économique de masse. Elles ont été prises en défaut par ce changement plutôt qu'elles n'en ont été responsables ; elles sont à reconstruire, non à abattre.

---

8. Il suffit, pour qui souhaiterait s'en convaincre, de lire la série de travaux consacrés par l'Insee à l'abstention lors des diverses élections au cours des dix dernières années, ainsi qu'à ses déterminants sociaux : DESESQUELLES ALINE, « La participation électorale au printemps 2004 : un électeur inscrit sur quatre s'est abstenu à tous les scrutins », *Insee Première*, n° 997, décembre 2004 ; HÉRAN FRANÇOIS, « La participation électorale au printemps 2002 : de plus en plus de votants intermittents », *Insee Première*, n° 877, janvier 2003 ; HÉRAN FRANÇOIS, « Les intermittences du vote : un bilan de la participation de 1995 à 1997 », *Insee Première*, n° 546, septembre 1997. HÉRAN FRANÇOIS et ROUAULT DOMINIQUE, « La double élection de 1995 : exclusion sociale et stratégie », *Insee première* n° 414, novembre 1995.

9. On trouvera dans BLAISE PIERRE et MOREAU PATRICK (dir.), *Extrême droite et national-populisme en Europe de l'Ouest*, Bruxelles, Crisp, 2004, et dans BETZ HANS-GEORG, *La Droite populiste en Europe*, Paris, Autrement, 2004, la confirmation de ce que ces périls, et pour les mêmes raisons qu'en France, sont bien présents dans la plupart des grands pays européens.

Dans cette émergence d'un risque qui nous semble nouveau se lisent en effet les conséquences d'une autre crise. Celle d'une société profondément ébranlée par le retour, sous d'autres formes, des mécanismes anciens de la subordination des individus à l'ordre capitaliste ; un ordre désormais totalement soumis aux seuls impératifs financiers, ceux qui gouvernent la « réforme structurelle du marché du travail » chère au cœur des institutions internationales, qui fait de la flexibilité son principe fondamental. La précarité de condition des personnes en est la conséquence.

Cette *financiarisation* détruit l'ordre social organisé au cours du siècle dernier, et singulièrement depuis 1945 en Europe occidentale. Parce que cette réalité est globale et générale, elle ne renvoie pas seulement à une crise spécifique du « modèle social français », mais à la mise en cause partout sur le continent des institutions de protection sociale.

Dans ce véritable remodelage, où il nous faut apprendre, au sens strict, à « refaire société », des instruments nouveaux sont à inventer et à construire. C'est toute l'ambition de ce livre que d'y contribuer.

CHAPITRE 1. LA CRISE D'UNE ILLUSION, LA SOCIÉTÉ SANS CLASSES

Le retour du paupérisme

De l'ancienne à la « nouvelle » pauvreté

> Par toutes les recherches que j'ay pû faire depuis plusieurs années que je m'y applique, j'ay fort bien remarqué que, dans ces derniers temps, près de la dixième partie du Peuple est réduite à la mandicité ; que des neuf autres parties, il y en a cinq qui ne sont pas en état de faire l'aumône à celle-là, parce qu'eux mêmes sont réduits, à très peu de chose près, à cette malheureuse condition [1]...

Ainsi, à en croire le maréchal de Vauban, au tournant du XVIIe siècle finissant, après une décennie de catastrophes climatiques et de guerres incessantes, un Français sur dix était pauvre. Pour de toutes autres raisons, beaucoup ont, par la suite, été amenés à faire ce constat, bien au-delà de l'Ancien Régime. C'est ce qui se produit dans le courant des années 1970. Au lendemain notamment de la parution de travaux américains [2] sur le sujet, certains s'efforcent de percer le mystère de la persistance durable d'un noyau de pauvreté dans une société qui pouvait encore paraître en marche vers

1. Le Prestre Sébastien, maréchal de Vauban, *La Dîme royale*, (1707), Paris, Imprimerie nationale, 1995.
2. Harrington Michael, *The Other America, Poverty in the US*, Toronto, Macmillan, 1962.

l'abondance[3]. Au-delà de la condition des « économiquement faibles » – les personnes âgées –, la misère, celle des adultes actifs, faisait figure d'incongruité : une tache dans la prospérité générale. Cette réalité était alors à l'origine d'une analyse particulière, celle notamment du mouvement Aide à toute détresse : bien plus qu'un phénomène économique, la pauvreté serait un effet de culture, de caractère quasi héréditaire. Les pauvres, écrivait ainsi l'économiste Jean-Claude Ray, « immergés depuis l'enfance dans un type de vie qui les empêche de sortir de l'immédiateté, ne peuvent avoir la vision d'un avenir distinct du passé comme du présent[4]... » En somme, misérables de jadis, transmettant leur destin de génération en génération, supposés être historiquement venus des petits métiers préindustriels, ils n'ont jamais pu s'adapter aux emplois de la société moderne. Exclus par inadéquation avec le marché du travail, ils le sont donc aussi de l'accès aux « fruits de la croissance » qui lui étaient alors attachés. D'eux, le sociologue Jean Labbens pourra écrire que leur situation « doit être l'affaire de plusieurs générations, elle constituerait un héritage[5] ». Ils constituent, en somme, un autre monde : le quart-monde.

À l'intention des incrédules, il vaut ici de citer largement ce que le « Fournier, Questiaux », manuel qui a formé des générations d'étudiants à ces questions, croyait pouvoir encore dire sur la pauvreté en 1988 :

> En France, la première définition juridique du vagabond est donnée par la déclaration du 27 août 1701 [...] Se dessinent déjà les constantes qui seront en quelque sorte redécouvertes malgré trente ans de développement de la sécurité sociale. Ces marginaux viennent de toutes origines sociales. Mais s'y retrouvent toujours les inutilisés pour cause de faiblesse physique et mentale, qui deviennent bientôt inutilisables, les rejetés du marché du travail, qui deviennent

3. On citera plus particulièrement dans la littérature française : LENOIR RENÉ, *Les Exclus : un Français sur dix*, Paris, Le Seuil, 1974 ; STOLERU LIONEL, *Vaincre la pauvreté dans les pays riches*, Paris, Flammarion, 1978.
4. RAY JEAN-CLAUDE, « L'analyse qualitative des revenus des familles les plus pauvres », *Consommation*, n° 3-4, 1980, p. 51-76.
5. LABBENS JEAN, *Sociologie de la pauvreté*, Paris, Gallimard, 1978.

inaptes au travail. Donc, ces hommes et ces femmes n'ont pas de métiers, sont des indigents aussi bien au sens des ressources matérielles qu'intellectuelles. Ils accepteront un habitat précaire de forme ségrégative. Et, vivant en marge de la société, ils rechercheront la sécurité dans le regroupement entre gens de ce monde, et y reconstitueront tant bien que mal un nouveau cadre de vie. L'idée d'un enfermement et le cumul de handicaps sont toujours caractéristiques de ces situations. Tel est le tableau qui ressort d'un ensemble d'études contemporaines. [...] La définition est encore contingente, mais elle recouvre bien l'idée d'un processus irréversible, elle désigne des personnes qui sont irrémédiablement dépendantes. [...] Ces situations marginales ont tendance à se consolider. La marginalisation s'attrape comme une maladie[6].

Dans cette vision, les pauvres font figure de derniers témoins d'une époque vouée à disparaître : plus que misérables, ils sont d'abord en retard. L'existence d'une misère résiduelle témoigne du passé d'où nous nous sommes arrachés. Étudiant la pauvreté au milieu du XIXe siècle, Frégier n'aurait sans doute pas désavoué cette analyse[7], lui pour qui l'assimilation « classes laborieuses, classes dangereuses » allait de soi, pour reprendre la formule célèbre qu'il a inspirée.

Or, à l'époque même où elle était formulée par Jacques Fournier et Nicole Questiaux, cette analyse était déjà au minimum anachronique. Vision venue du fond des âges préindustriels, confortée l'espace du court moment – alors déjà passé – où le chômage n'avait plus guère de réalité, la montée de celui-ci la rendait doublement caduque. D'abord, parce que la réalité même d'une pauvreté, alors en progression chez les salariés, débordait à l'évidence du champ étroit de la transmission intergénérationnelle qui lui était théoriquement imparti. Ensuite, parce que s'indiquait dans ce débord même la vanité de toute tentative d'assimiler indistinctement la pauvreté à la situation faite aux indigents, exclus et autres « marginaux », et de se dispenser ainsi de la moindre analyse des processus à l'origine de leur situation.

6. FOURNIER JACQUES, QUESTIAUX NICOLE et DELARUE JEAN-MARIE, *Traité du social*, 5e édition, Paris, Dalloz, 1988, p. 181-183.
7. FRÉGIER H. A., *Des classes dangereuses de la population dans les grandes villes*, Paris, Baillière, 1840.

Le lancement en 1978 par le ministère des Affaires sociales d'un programme d'études et de recherches coordonné par Antoine Lion dans la perspective d'un rapport sur la pauvreté pour les communautés européennes fut alors l'occasion d'une prise de conscience et d'un certain renouvellement des analyses[8] mettant l'accent sur les mécanismes de paupérisation[9]. Les deux décennies qui suivirent ne firent que conforter cette optique nouvelle. Bien au-delà des acteurs associatifs concernés et du petit cercle des experts intéressés, l'emprise de la montée du chômage a obligé à reconnaître une existence sociale renouvelée à la pauvreté ; cela se marquera tant dans le vocabulaire que dans les institutions.

La dénomination de « nouveaux pauvres » est reprise et largement diffusée par les médias dans le courant de l'hiver 1984-1985, au moment où Coluche fonde les premiers Restaurants du cœur. Elle a une double signification. Elle évoque d'abord un afflux quantitatif. Mais elle indique aussi l'arrivée parmi les pauvres de couches nouvelles, jusque-là inconnues des guichets de l'aide sociale et des permanences associatives. Cette pauvreté-là n'est plus le témoignage contemporain d'une histoire ancienne ; elle est la marque de temps qui, désormais – mais on ne le sait pas encore –, seront durablement difficiles.

Parallèlement, les institutions s'adaptent. Cette période voit l'adoption de mesures spécifiques en direction de ces populations[10] : après des expériences locales de revenu minimum garanti[11], la loi

---

8. Fondation pour la recherche sociale, « La pauvreté et la lutte contre la pauvreté », rapport français à la Commission des communautés européennes, 1980. Ce programme et ses analyses trouvèrent quelque temps après un écho dans le rapport présenté au gouvernement de l'époque par Gabriel Oheix : « Contre la précarité et la pauvreté, soixante propositions », février 1981.
9. À cet égard on citera plus particulièrement : MILANO SERGE, *La Pauvreté en France*, Paris, Le Sycomore, 1982 ; LION ANTOINE et MACLOUF PIERRE, *L'Insécurité sociale : paupérisation et solidarité*, Paris, *Économie et Humanisme*/Éditions ouvrières, 1982.
10. Démarche constitutive, selon Jacques Donzelot, d'un « néo-solidarisme » qu'il dénonce. Cf. « Les nouvelles inégalités et la fragmentation territoriale », *Esprit*, novembre 2003.
11. Centre d'études des revenus et des coûts, *Protection sociale et pauvreté : protection légale et expériences locales de revenu minimum garanti*, document, n° 88, 1er trimestre, 1988.

créant le revenu minimum d'insertion (RMI) est adoptée en décembre 1988 et celui-ci est mis en place dès le début 1989. S'y ajouteront ensuite, à dix ans de distance, la loi de lutte contre les exclusions en 1998, et la couverture maladie universelle (CMU) assurant à chacun, qu'il ait ou non une activité, le droit à la sécurité sociale en 2000.

Il y a actuellement près de 1,2 million de foyers allocataires du RMI, soit très sensiblement plus de deux millions de personnes concernées, et plus de 1,5 million de bénéficiaires de la seule CMU de base. Les Restaurants du cœur, qui distribuaient 8,5 millions de repas en 1985, en fournissent aujourd'hui 67 millions. Vingt ans après, la pauvreté « nouvelle » s'est installée.

Cette « existence permanente d'un grand nombre d'indigents » a, si l'on en croit les dictionnaires, un nom précis dans notre langue : le *paupérisme*. Il forme désormais l'une des toiles de fond du paysage contemporain. La misère n'est plus un malheureux accident, un résidu et un scandale que l'on peut espérer faire et voir disparaître ; elle est partie intégrante – et indispensable – du fonctionnement de notre société. Elle est part de cela même qui la fonde. Cette question lancinante, qui a hanté tout le XIXe siècle et n'existait plus qu'à l'état de reliquat il y a peu encore, nous fait donc aujourd'hui retour.

La dégradation de la condition salariale

Si cette réalité est avérée, encore faut-il en cerner les contours et bien en mesurer l'ampleur : que représente aujourd'hui, en France, la pauvreté ? Quelles sont ses principales victimes ? Faute d'une définition précise, nous partirons des chiffres que fournissent les statisticiens, sans encore les discuter. Divers, ils sont avant tout, hélas, convergents.

Qu'est-ce donc que la pauvreté jugée à cette aune ? Essentiellement trois choses. C'est d'abord une *pauvreté monétaire*, l'insuffisance de revenu ; c'est, ensuite, une pauvreté monétaire *relative*, exprimée en pourcentage du revenu médian – celui qui partage la population en deux parts égales ; c'est, enfin, une pauvreté monétaire relative *par personne*, un revenu par « unité de consommation », qui s'efforce de tenir compte de la plus ou moins grande taille des ménages concernés *(voir l'encadré)*.

Mesurer la pauvreté monétaire

Les informations statistiques qui figurent ici concernant la pauvreté monétaire sont tirées de données européennes harmonisées et publiées soit par l'Insee soit par Eurostat, l'office statistique de l'Union européenne.

Les revenus
Les revenus nets totaux sont mesurés au niveau de chaque ménage ; ils comprennent les différents revenus d'activité, les revenus du patrimoine, les pensions de retraite ainsi que l'ensemble des autres transferts sociaux (chômage, invalidité, minima...) ; ces revenus sont nets d'impôts directs. Il s'agit donc des *revenus réellement et finalement disponibles.*

Les situations familiales
Afin de tenir compte des différences de taille et de composition des familles, le revenu total est divisé par le nombre d'unités de consommation que compte chaque foyer. Celles-ci sont calculées avec une échelle d'équivalence qui affecte un poids de 1 pour le premier adulte (plus de 14 ans) du ménage considéré et de 0,5 pour chacun des autres ; les enfants sont pris en compte pour un poids de 0,3.
Les revenus nets totaux sont alors divisés par le nombre d'unités de consommation. On aboutit ainsi à des *revenus nets équivalents*, ou de niveau de vie, de chaque ménage. Le même revenu équivalent est donc attribué à tous les membres d'un même foyer.

Les seuils de pauvreté
Sur la base de ces revenus nets équivalents, les *seuils de pauvreté* sont calculés en fonction d'un certain pourcentage – 50 % en France, 60 % dans les statistiques de l'Union européenne de la médiane des revenus, celle qui sépare la population en deux : la moitié des individus d'un pays dispose d'un revenu inférieur, l'autre moitié d'un revenu supérieur.

Au total, cette mesure de la pauvreté correspond donc au nombre de personnes qui disposent d'un revenu personnel inférieur à une certaine part du revenu médian ; rappelons que ce dernier était de 1 314 euros par mois en 2004.

Le choix qui est fait ici d'un tel indicateur ne doit pas tromper : il existe bien d'autres manières de donner une mesure du phénomène[12], peut-être même de meilleures. Mais le seuil de pauvreté exprimé en pourcentage du revenu médian étant la mesure adoptée par l'ensemble des statisticiens européens, elle permet les comparaisons internationales.

Là n'est toutefois pas la raison essentielle du choix ici fait. Que cet indicateur soit celui retenu par Eurostat, l'office statistique de l'Union, montre surtout qu'il est reconnu et accepté par les instances européennes et nationales ; c'est un choix politique[13]. Moins qu'une mesure scientifique, il s'agit donc d'une norme collective dans laquelle les gouvernements se reconnaissent et qui sert à déterminer leurs décisions. La pauvreté se définit relativement à un standard de vie considéré comme normal. Or ce seul indicateur statistique, relativement simpliste, permet de dresser un constat accablant :

– Si l'on retient la norme statistique française habituelle – est pauvre toute personne vivant dans un ménage dont les revenus par unité de consommation sont inférieurs à la *moitié des ressources médianes*–, soit l'équivalent de 657 euros par mois pour une personne seule en 2004, 3,6 millions de personnes sont concernées ; 6,2 % de la population.

– Si l'on retient la norme européenne – fixée à *60 % des ressources médianes,* soit 788 euros par mois pour une personne seule en 2004 –, ce sont 7,2 millions de personnes qui sont touchées ; près d'un Français sur huit.

– Si l'on retient, enfin, l'approche plus élaborée empruntée par l'Insee à partir de son enquête sur les conditions de vie – sont pauvres

12. On trouvera, en particulier, dans VERGER DANIEL, « Bas revenus, consommation restreinte ou faible bien-être : les approches statistiques de la pauvreté à l'épreuve des comparaisons internationales », *Économie et statistique,* Insee, n° 383-385, décembre 2005, une très complète présentation et discussion des différentes approches existantes.

13. Il faut entendre cela au sens le plus strict : le choix de cet indicateur est en effet le résultat d'une longue et très formelle négociation entre les pays membres de l'Union, qui s'est étalée du sommet de Lisbonne, où il a été décidé de définir des indicateurs dans le domaine de la « pauvreté-inclusion », jusqu'à celui de Laeken-Bruxelles, où il a été très officiellement adopté.

les personnes connaissant des difficultés dans 8 au moins des 27 indicateurs mesurés (revenus, épargne disponible, qualité du logement, santé, vacances, etc.) –, il s'agit de 6,8 millions de personnes, soit 11,5 % de la population.

La question du paupérisme n'est pas un fantasme. Inscrite dans notre réalité, elle est posée par les faits. Encore faut-il souligner qu'il s'agit là de la pauvreté « finale », après redistribution fiscale et sociale. Celle que notre société juge, de fait, tolérable. Cela ne signifie pas, pour autant, qu'il y ait eu une montée générale du phénomène au cours des dernières décennies. Pris globalement, la pauvreté a, au contraire, sensiblement régressé : elle a été divisée par près de 2 en trente ans !

Évolution du taux de pauvreté, 1970-2004 (en % de la population totale)

	Définition européenne	Définition française
1970	17,9	12
1975	16,6	10,2
1979	14,2	8,3
1984	13,5	7,7
1990	13,8	6,6
1996	13,5	7,2
1997	13,4	6,9
1998	12,8	6,7
1999	12,3	6,4
2000	12,7	6,5
2001	12,4	6,1
2002	12,2 12*	6 5,9*
2003	12	6,3
2004	11,7	6,2

* En 2002, changement de série, d'où un raccordement.

Alors, pourquoi diable s'inquiéter ? Cette tendance se poursuivant, le paupérisme ne finira-t-il pas par disparaître un jour ? C'est qu'il faut y regarder de plus près : le recul d'ensemble est le résultat de deux mouvements contraires. D'un côté, une très forte diminution de la misère chez les retraités, les « économiquement faibles » de naguère, en raison de la politique suivie depuis une trentaine d'années en matière de minimum vieillesse et de l'arrivée à maturité des régimes de retraite au début des années 1980 : c'est alors, et alors seulement, que des carrières complètes ont pu être liquidées. Parallèlement, la pauvreté s'est développée chez les salariés et, plus largement, dans l'ensemble des actifs. Et voilà bien le fait nouveau, celui qui a motivé une inquiétude collective nourrie d'un sentiment confus, mais juste, de changement profond par rapport à la période précédente : une dégradation considérable de la condition salariale. Être actif ne suffit désormais plus à se protéger de la misère.

Pourcentage de personnes vivant dans des ménages pauvres (définition française[14]), 1970-2001

	Salariés	Retraités
1970	3,9	27,3
1975	3,8	17,6
1979	4,6	9,9
1984	4,6	3,7
1990	4,5	5,6
1997	6,1	3,1
2001	5,4	3,8

Voilà pourquoi une interrogation sur l'évolution d'ensemble ne peut être éludée pour l'avenir. Passé l'embellie économique et sociale des années 1997-2002, la pauvreté des actifs n'a cessé d'augmenter.

14. C'est-à-dire où les personnes ont des ressources individuelles inférieures à 50 % des ressources individuelles médianes.

En témoigne la progression continue des allocataires du RMI, dont le nombre en métropole approche les 1,2 million de personnes à la mi-2006. Quant aux remarquables résultats constatés pour les personnes âgées, ils ont connu un coup d'arrêt à la fin des années 1990 et se sont même depuis inversés[15]. Les régressions induites par les « réformes » des retraites ne peuvent que conduire à une dégradation de leur situation.

Tout concourt désormais à une progression générale de la pauvreté dans notre pays. Avec un art consommé de l'euphémisme, l'Insee ne dit pas autre chose en publiant fin 2006 les chiffres de 2004 avec ce commentaire : « La pauvreté monétaire baisse tendanciellement jusqu'à stagner en fin de période[16]. » Plus explicitement, le rapport 2006 de l'Observatoire national de la pauvreté et de l'exclusion sociale souligne que la « tendance à la baisse de la pauvreté monétaire s'interrompt en 2003 après plusieurs années de diminution[17] ».

Pour toutes ces raisons, ce n'est malheureusement pas jouer les Cassandre que de prédire un bel avenir à la question du paupérisme.

« Nouvelles inégalités » ou déni de réalité ?

Nul ne peut plus le nier : la pauvreté de masse persiste dans notre pays ; plus encore, elle s'étend parmi les actifs. Reste évidemment à interpréter le phénomène. Beaucoup s'y appliquent. C'est que, dans cette réalité, se lit d'abord une différenciation manifeste au sein d'une société qui se voulait – et avait fini par se croire – homogène :

---

15. Sur ce point, même si aucun chiffre postérieur à 2001 n'a, à notre connaissance, encore été publié, voir le graphique 1 (p. 31) du *Rapport 2005-2006* de l'Observatoire national de la pauvreté et de l'exclusion sociale, qui témoigne de la remontée continue de la pauvreté chez les retraités depuis dix ans.
16. Demailly Dominique et Raynaud Émilie, « Revenus et pauvreté depuis 1996 », *Revenus et patrimoines des ménages*, Insee, novembre 2006.
17. Rapport 2005-2006 de l'Observatoire précité, p. 25. C'est-à-dire ? « Revenus et pauvreté depuis 1996 » ?

nous nous éloignons les uns des autres ; des inégalités nouvelles se lèvent, donc. Défi majeur, on le comprend, pour une France qui a fait de l'égalité, et plus largement des valeurs républicaines inscrites au fronton de ses bâtiments publics, le parangon de ses vertus et le meilleur gage de son universalité. Défi majeur aussi pour tous ceux qui avaient pu croire – espérer ? – en l'homogénéisation de la société. Tous, ou presque, finissant par relever d'un seul et même statut, celui de salarié, il n'y aurait plus eu que des différences de degré entre les personnes ; des inégalités, au regard de l'unité essentielle que confère la condition commune. Mais la réalité nouvelle vient briser cette espérance. La revue *Esprit* relève ainsi :

> Que la question des inégalités apparaisse désormais comme un phénomène social majeur est en tant que tel révélateur d'un changement considérable. Autrefois, on aurait parlé d'exploitation, de domination. Ce changement de discours est à bien des égards paradoxal et c'est sans doute pourquoi nous avons tant de mal à en bien comprendre les causes et la nature profonde. Le paradoxe de départ est que l'on doive affronter comme un problème politique nouveau la hausse des inégalités, alors même que le grand espoir du XXe siècle était, à l'inverse, que l'État providence et la scolarisation de masse parviennent à les réduire. Qu'elles aient pu s'accroître est en soi le grand désespoir de la fin du XXe siècle, au nom duquel le procès de la social-démocratie est engagé [18].

À en croire cette analyse, le développement spectaculaire des inégalités était jusqu'à il y a peu proprement impensable. Il demeure impensé : nous poursuivions l'égalité, elle paraissait à portée de main, et nous récoltons l'inégalité ! Comment le bel or de l'État providence et de la scolarisation de masse a-t-il donc bien pu se changer en ce vil plomb de la montée des précarités et de la pauvreté de masse ? Telle est bien, effectivement, l'énigme qui nous est posée. Mais où est donc le « changement considérable » évoqué par les rédacteurs d'*Esprit* ? Dans le fait que les inégalités puissent désormais apparaître comme un phénomène social majeur, alors qu'on

---

18. Bensaïd Jean, Cohen Daniel, Maurin Éric et Mongin Olivier, « Les nouvelles inégalités », *Esprit*, février 2004.

les pensait en voie de disparition ? Ou dans le fait, affirmé par eux, de ne plus pouvoir penser en termes d'exploitation et de domination ? Comment, en effet, comprendre celles-là en n'empruntant pas à celles-ci leur pouvoir d'explication ?

La « société salariale » dans l'impasse

De cette difficulté à lire une situation à bien des égards nouvelle, avec pour seule catégorie d'analyse la notion d'inégalité, Robert Castel[19] a sans doute été parmi les premiers à se préoccuper, conscient des remises en cause auxquelles cette rupture conduirait. Aussi, empruntant à l'école économique de la régulation[20] le concept de société salariale, s'est-il proposé d'en « déployer les implications sociologiques ».

Née au début des années 1970, cette école a voulu rompre avec la pensée libérale, en se donnant pour objectif de construire « une analyse qui englobe l'ensemble du système économique[21] ». Elle a pour cela proposé une lecture des phénomènes économiques en termes de régulation plutôt que d'équilibres sur des marchés concurrentiels. Dans le sillage de l'analyse keynésienne, cette école est ainsi particulièrement attentive à la manière dont le circuit macroéconomique se « boucle » et au rôle que jouent à cet égard les rapports sociaux. Dans cette perspective, parce que l'analyse de la consommation des ménages, lieu de jonction entre production et demande, est essentielle, la compréhension des conditions sociales de sa formation – la « norme salariale » – le devient aussi. L'analyse économique doit donc s'intéresser aux processus de négociation des salaires, comme aux habitudes et standards de vie. L'école de la régulation a ainsi cherché à articuler les conditions d'organisation du

19. On fait ici essentiellement référence à l'ouvrage de Robert Castel *Les Métamorphoses de la question sociale* (Paris, Fayard, 1995) et plus particulièrement à ses deux derniers chapitres, dont sont extraites les citations utilisées.
20. Aglietta Michel et Brender Anton, *Les Métamorphoses de la société salariale*, Paris, Calmann-Lévy, 1984.
21. On trouvera dans l'introduction de l'ouvrage de Aglietta Michel, *Régulation et crises du capitalisme* (Paris, Calmann-Lévy, 1976), ouvrage fondateur de l'école de la régulation, une claire explicitation de ce que cette analyse proposait dès son origine.

travail – « le travail en miettes[22] » théorisé par Taylor – aux conditions d'existence du salariat – la consommation de masse imaginée et inaugurée par Ford –, ce qui suppose que les salaires soient globalement indexés sur les gains de productivité[23]. Son point de départ était ainsi à trouver dans les « grandes transformations sociales du XXe siècle, qui tendent à unifier le salariat par l'extension universelle du rapport salarial[24] ».

La « norme salariale » est ainsi un concept central, qui résume l'ensemble des effets concrets de l'« interdépendance conflictuelle » entre les intérêts divergents des employeurs et des employés. Une interdépendance qui aboutit, à travers les luttes sociales, le conflit, comme à travers les négociations et les accords qui les prolongent, à des compromis définissant les institutions – accords collectifs, droit du travail, sécurité sociale, indemnisation du chômage... – propres aux différents moments de l'histoire de la condition salariale.

C'est de cette analyse que part Robert Castel pour tenter de rendre compte de ce qui nous préoccupe. Il développe pour ce faire une « chronique du salariat », en identifiant trois normes distinctes, « trois formes dominantes de cristallisation des rapports de travail ». La condition prolétarienne, la condition ouvrière et la condition salariale se succèdent au cours de l'histoire du capitalisme.

Durant la phase de « condition prolétarienne », tout au long du XIXe siècle, « plutôt qu'à de la hiérarchie, on a affaire à un monde clivé par la double opposition du capital et du travail, de la sécurité-propriété et de la vulnérabilité de masse ». Les salariés constitués en prolétariat, selon le mot d'Auguste Comte, « campent dans la société sans y être casés ».

---

22. Titre de l'ouvrage classique de Friedmann Georges, Paris, NRF, 1967.
23. On trouvera dans l'ouvrage de Boyer Robert, *La Théorie de la régulation* (Paris, La Découverte, 1987), une description synthétique des analyses de ce courant de pensée, très présent en France.
24. Aglietta Michel, *Régulation et crises du capitalisme, op. cit.*, p. 16.

Tout au contraire, dans la « société salariale », qui est achevée au lendemain de la Seconde Guerre mondiale et connaît son assomption pendant les Trente Glorieuses, « tout le monde ou presque est salarié ; c'est à partir de la position occupée dans le salariat que se définit l'identité sociale ». On peut se la « représenter à partir de la coexistence d'un certain nombre de blocs, à la fois séparés et unis par cette logique de la distinction, qui joue au sein de chaque ensemble comme entre les différents ensembles ». Alors, « chacun se compare à tous, mais aussi s'en distingue. L'échelle sociale comporte un nombre croissant de barreaux auxquels les salariés accrochent leur identité, soulignant la différence avec l'échelon inférieur et aspirant à la strate supérieure ».

Entre ces deux moments, une période de transition, celle de la « condition ouvrière » : en se développant, le salariat s'affirme par ses luttes comme un acteur social majeur et commence à se dégager du prolétariat.

Dans cette histoire-là, il y a en somme un début et une fin, et la « condition salariale » y apparaît comme un achèvement : le salariat est en marche tout à la fois vers son développement et son unification. Il n'y a plus que des inégalités. À l'action publique de réduire les distances sociales et de faciliter le mouvement d'ascension des personnes ! À chacun de s'efforcer d'en profiter !

On comprend pourquoi, face aux évolutions récentes, Robert Castel s'inquiète d'une « crise de l'avenir [qui serait une] remise en question du type d'interdépendance conflictuelle qui en [la société salariale] constituait le ciment ». Et poursuit : « Mais [...] il n'existe pas à ce jour d'alternative crédible à la société salariale. » Comme les rédacteurs d'*Esprit*, il ne peut imaginer d'autre réponse que la restauration de cet ordre qui désormais part en lambeaux. C'est à la réflexion sur ce sauvetage qu'il s'attachera par la suite au fil de ses travaux ; dans son dernier ouvrage en date, il conclut logiquement : « Il faut sauver l'État social[25]. »

25. Castel Robert, *L'Insécurité sociale, qu'est-ce qu'être protégé ?*, Paris, Le Seuil, coll. « La république des idées », 2003, p. 93.

La consommation de masse ou l'abolition imaginaire des distances sociales

Dans cet univers de la « différenciation généralisée » qu'évoque à juste titre Robert Castel à propos d'un passé qu'il aspire à restaurer, « les objets possédés sont les marqueurs des positions sociales » ; ce n'est certes pas pour rien qu'a pu lui être accolé le qualificatif de « consommation ». La « condition salariale » est ainsi inséparable de cette société qui l'accompagne et étaye la croyance en l'abolition des barrières de classes propres au système antérieur, celui de la condition prolétarienne.

Cet ordre social est donc étroitement tributaire d'une croissance soutenue du pouvoir d'achat qui permet d'entretenir l'espoir. Celui de pouvoir, un jour, dans un avenir dont l'horizon doit avoir une signification tangible pour l'individu – celui de sa propre existence ou de celle de ses enfants –, accéder à l'usage d'objets et à un standard de vie réservés jusqu'alors aux couches supérieures. Chacun peut s'imaginer, demain, dans une situation analogue à celle de qui, aujourd'hui, est socialement mieux situé que soi. C'est à ce prix que l'on peut trouver croyance dans le progrès. Ainsi, en quelque sorte, la distance sociale immédiate se dissout-elle dans le temps.

Sur les vingt années qui séparent 1953 de 1973, la progression annuelle du pouvoir d'achat du gain hebdomadaire ouvrier[26] a été de 4,6 %. Sur une durée de vie professionnelle de quarante ans, une telle évolution représente une multiplication par six du pouvoir d'achat ouvrier : presque deux fois plus que l'écart monétaire qui sépare alors le cadre de l'ouvrier[27].

Ainsi, puisque trouver un emploi stable et à temps plein n'était pas un problème, l'ouvrier des Trente Glorieuses était assuré de pouvoir accéder rapidement à un niveau de vie identique et, à terme, plus de deux fois supérieur à celui que le cadre présentait à ses yeux.

---

26. Calculé à partir des *Données sociales 1974*, Insee, décembre 1974, tableau 40, p. 72.
27. Le revenu d'un ménage de cadre supérieur était approximativement 3,5 fois plus élevé que celui d'un ménage d'ouvrier au début des années 1960. Au début des années 1970, du fait essentiellement de la revalorisation du salaire minimum intervenue en 1968, ce rapport était de l'ordre de 3. Sur ce point, cf. « Données sociales 1974 », *op. cit.*, tableau 55, p. 85.

Tel était donc, alors, le sens du progrès : à défaut d'une abolition des distances sociales, la progression attendue du pouvoir d'achat permettait d'entrevoir une mobilité sociale, imaginaire. Et même, doublement imaginaire. D'abord, parce qu'elle ne se réalisait que par l'entremise des choses, de leur possession et de leur usage et non par l'effectivité d'un pouvoir accru ; que l'on sache, l'accession aux biens de consommation de masse n'a guère été porteuse d'une modification substantielle de l'ordre social. Ensuite, parce que les couches populaires ont pu voir, dans le temps même de leur accession à ces biens et à ce standard de vie, ceux des couches supérieures s'élever et se distinguer ; cette distance et ce temps étaient ceux d'un horizon qui s'éloigne au fur et à mesure que l'on pense s'en approcher.

Il y a bien eu mouvement de l'ensemble, mais les différents barreaux de l'échelle sociale sont peu ou prou restés à une même distance les uns des autres. C'est d'ailleurs en cela qu'il est possible de penser la société comme seulement organisée autour d'un ordre inégalitaire, que l'on pourrait réformer, et non plus comme constituée de classes aux intérêts divergents, aux visions du monde distinctes et séparées les unes des autres par des barrières toujours difficiles à franchir.

Mais, tout étayé du réel qu'il puisse être, un tel raisonnement n'est pour autant constitutif que d'une représentation ; la réalité d'une abolition des classes ne se joue nullement dans ce progrès-là. Il aurait fallu pour cela que, au-delà de l'accès à la consommation de masse, la « condition salariale » permette aussi de s'affranchir des mécanismes de la reproduction sociale. Et c'est une tout autre question...

La permanence d'une société de classes

L'immobilité sociale

La littérature actuelle utilise des mots forts, que l'on avait espérés voués au musée : fracture, ségrégation, discriminations, ghettos, destins... Ils témoignent, à tout le moins, de l'importance de la rupture qui s'est accomplie depuis les Trente Glorieuses et d'une prise de conscience. De la fin de quelque chose ; mais de quoi ?

Comment comprendre ce paradoxe d'une société de plus en plus salariée – toutes les statistiques témoignent de la poursuite du mouvement[28] –, et pourtant de moins en moins « salariale » au sens de Robert Castel, c'est-à-dire entretenant la perspective d'une mobilité sociale. Cette société-là ne laisse de place ni au privilège ni à la discrimination. S'agissant d'espoir d'avenir, rien n'y est interdit ; avec de l'effort et de la persévérance personnelle, il va sans dire !

Or cet espoir apparaît aujourd'hui largement illusoire. Comme l'écrit le sociologue Éric Maurin :

> [...] chaque grande catégorie sociale recrute en priorité parmi ses enfants et cette tendance à l'immobilité sociale est très stable dans le temps. Pour les générations les plus récentes comme pour les plus anciennes, la moitié environ des fils de cadres finissent cadres eux-mêmes, contre moins de 10 % des fils d'ouvriers. Inversement, aujourd'hui comme hier, la moitié environ des fils d'ouvriers finissent ouvriers contre moins de 10 % des fils de cadres. [...] Sur les données [...] des enquêtes [...] conduites de 1970 à 1993, nous ne décelons aucun relâchement statistiquement significatif de ce lien et concluons à l'absence de toute tendance vers davantage de fluidité sociale[29].

Lisant ces propos, comment ne pas être frappé par leur ressemblance avec ces autres :

> On voit que les enfants sont fortement prédestinés à rester dans la même catégorie que leurs parents et cela sous l'effet de différentes déterminations, dont la plus importante est l'instruction [...]. Près de 40 % des fils de cadres supérieurs ou de membres des professions libérales appartiennent eux-mêmes à ces catégories. À l'autre extrémité de la hiérarchie sociale, 68 % des fils d'ouvriers restent ouvriers.

---

28. Au lendemain de la Libération, le salariat ne représentait qu'un peu moins des deux tiers des actifs ; cette proportion est aujourd'hui de 93 % ; elle n'était encore que de 85 % en 1982.
29. Maurin Éric, *L'Égalité des possibles*, Paris, Le Seuil, coll. « La république des idées », 2002, p. 52.

C'était il y a près de quarante ans, en 1966, quand Michel Praderie[30] analysait la première enquête réalisée par l'Insee sur la mobilité entre 1959 et 1962 !

Rapportées aux effectifs de ces catégories – en forte croissance pour les cadres, en réduction pour les ouvriers –, ces données témoignent d'une permanence de l'immobilité sociale. Elle n'est pas le fruit amer des années de crise mais un élément structurel qui a continûment tout recouvert, y compris la société salariale à son apogée. La mobilité sociale n'est pas une espérance qui serait aujourd'hui perdue, elle a toujours été une espérance largement illusoire.

Pour s'en convaincre, il suffit de comparer ces quelques chiffres à la situation qui devrait régner si notre pays était le royaume de l'égalité des chances qu'il prétend être. Dans une telle situation, les cartes de la destinée sociale étant supposées rebattues à chaque génération, sauf à penser que les mérites sont inégalement répartis selon les groupes, les places prises par la nouvelle génération devraient idéalement se répartir au prorata de leur poids démographique. Ainsi, les cadres représentant un peu moins de 15 % des actifs occupés et les ouvriers près de 25 %, leurs enfants devraient se retrouver dans ces proportions dans chacun des groupes qui composent la société, celle-ci se reflétant en quelque sorte en eux. On vient de le voir, tel n'est pas le cas. Si la moitié des enfants de cadres deviennent eux-mêmes cadres, alors qu'ils ne « devraient » être qu'un peu moins de 15 % à suivre cette trajectoire, c'est qu'ils y sont 3,5 fois trop nombreux ; si les enfants d'ouvriers ne sont que 10 % à devenir des cadres, alors qu'ils « devraient » être 25 %, c'est qu'ils y sont 2,5 fois trop peu nombreux.

Ainsi un enfant de cadre a-t-il 8,33 chances d'être lui-même cadre contre une de devenir ouvrier ; un enfant d'ouvrier a seulement 0,33 chance de devenir cadre, contre une de rester ouvrier. Au total, la « chance » relative de devenir cadre plutôt qu'ouvrier est

---

30. Praderie Michel, « Héritage social et chances d'ascension », in Darras, *Le Partage des bénéfices*, Paris, Minuit, 1966, p. 333.

ainsi 25 fois (oui, 25 !) plus importante pour l'enfant de cadre que pour celui d'ouvrier.

Encore ne s'agit-il là que de moyennes. Est-il besoin de souligner combien cette perspective est plus lointaine encore pour un enfant d'ouvrier non qualifié ? Et combien plus elle l'est encore lorsqu'il appartient aux « minorités visibles » ? Lorsque l'immobilité sociale devient quasi totale, c'est que la discrimination s'est installée.

« Tel père, tel fils », cet adage reflète suffisamment bien la réalité pour avoir pu servir de titre (avec il est vrai un point d'interrogation) à un ouvrage qui fait désormais référence en la matière[31]. Il existe, certes, des débats entre spécialistes pour savoir si cette immobilité a diminué ou est restée stable ces dernières décennies[32] ; mais qu'une telle incertitude demeure indique clairement que cette évolution, si évolution il y eut, fut à tout le moins limitée[33]. Laissons donc à l'Insee, provisoirement, le mot de la fin : « La mobilité augmente sensiblement entre l'enquête de 1985 et celle de 1993. Elle retrouve ainsi un niveau équivalent à celui qu'elle atteignait à l'enquête de 1970, après avoir sensiblement fléchi de 1972 à 1977 et de 1980 à 1985[34]. » En somme, la mobilité a récemment augmenté, mais c'est après avoir baissé dans la période immédiatement précédente ; au final, ceci annulant cela, rien n'a substantiellement changé[35], en dépit de la scolarisation de masse !

---

31. THÉLOT CLAUDE, *Tel père, tel fils ?*, Paris, Hachette, 2004.
32. Sur ces points, on pourra en particulier consulter : VALLET LOUIS-ANDRÉ, « Quarante ans de mobilité sociale », *Revue française de sociologie*, 1999 ; GOUX DOMINIQUE et MAURIN ÉRIC, « Destinées sociales, le rôle de l'école et du milieu d'origine », *Économie et statistique*, n° 306, Insee, 1997 ; MAURIN ÉRIC, *L'Égalité des possibles*, *op. cit.*
33. Voir la remarque à ce sujet de DURU-BELLAT MARIE, in *L'Inflation scolaire*, Paris, Le Seuil, coll. « La république des idées », 2006, p. 16.
34. CHAPOULIE SIMONE, « Une nouvelle carte de la mobilité professionnelle », *Économie et statistique*, n° 331, Insee, janvier 2000.
35. À les en croire, les toutes dernières données disponibles renforcent la thèse d'une légère diminution de la mobilité sur une période récente, ce dont témoigne le titre de la dernière publication de l'Insee sur ce sujet : « En un quart de siècle, la mobilité a peu évolué ». Il semble bien ainsi que l'immobilité sociale se soit, au total, plutôt renforcée sur les quarante dernières années. Sur ce point, voir STÉPHANIE DUPAYS, « En un quart de siècle, la mobilité sociale a peu évolué », *Données sociales*, Insee, mai 2006.

L'ascension sociale suppose un cursus normalisé qui est affaire de plusieurs générations. Qui ne s'y conforme pas s'expose aux illusions perdues ; qui veut en brûler les étapes doit craindre les espérances déçues. C'est vrai aujourd'hui ; ça ne l'était pas moins hier. Tels sont les fils de la destinée...

Rester entre soi : les mécanismes de la reproduction

Qu'il faille encore s'efforcer de convaincre de la réalité de l'immobilité sociale, alors qu'il s'agit là d'un fait patent et de longue date établi, montre bien que l'existence supposée de l'ascension relève d'un mythe particulièrement tenace : celui de l'égalité des chances.

L'inertie de notre société doit en effet beaucoup à une institution éducative qui ne parvient pas à tenir cette promesse, pourtant fondatrice[36]. Soixante-dix pour cent d'une classe d'âge atteint la terminale, mais la moitié des enfants d'ouvriers possède, au mieux, le CAP ou le BEP, alors que 72 % de ceux des cadres obtiennent un diplôme de l'enseignement supérieur.

Contrairement aux espoirs qui avaient pu être mis en elle, la massification du secondaire n'a donc rien réglé : le système éducatif dispense des savoirs, il ne les répartit pas. À chacun de les recevoir comme il peut. Si le niveau monte, les distances sociales demeurent. Là où il y a inégalité des conditions, il ne peut y avoir d'égalité des chances que par une attribution fortement correctrice des moyens. C'est très loin d'être le cas[37]. Créées en 1981, les zones d'éducation prioritaire ont, depuis un quart de siècle d'existence, des résultats contrastés mais, à l'occasion du bilan de leur efficacité, le quotidien *Libération* titrait, non sans sévérité : « ZEP : zones d'échec prolongé. »

---

36. Sur les différentes données évoquées ici, on renvoie, entre autres, au rapport précité de l'Observatoire de la pauvreté et de l'exclusion sociale (« L'accès à l'éducation et l'échec scolaire », p. 118 *sq.*), et à la livraison de septembre 2004 de la revue *Alternatives économiques*, notamment au remarquable article de MAURIN LOUIS, « École, les beaux jours de l'inégalité des chances » (p. 56 *sq.*).

37. Sur ce point, cf. Conseil de l'emploi, des revenus et de la cohésion sociale, rapport n° 3, *Éducation et redistribution*, Paris, La Documentation française, 2003.

Niveau de diplôme des enfants selon la catégorie sociale des parents (en %), 1995-1998 [38]

	Cadres, prof. intellect. supérieures, instituteurs	Indépendants, prof. intermédiaires, employés	Ouvriers qualifiés	Ouvriers non qualifiés, personnels de services aux particuliers
Diplôme du supérieur	72	43	26	22
dont grande école	*17*	*5*	*1*	*1*
Bac général	10	11	9	8
Bac techno ou prof.	6	15	18	13
CAP, BEP	6	17	25	26
Brevet ou aucun diplôme	6	14	22	31
TOTAL	100	100	100	100

Surtout, comme l'écrit le Conseil de l'emploi, des revenus et de la cohésion sociale (Cerc[39]), on « assiste à une différenciation rapide des cursus scolaires dans les années qui suivent la fin de la scolarité obligatoire »[40].

La démocratisation de l'enseignement secondaire, pour reprendre les termes consacrés, fut un parfait trompe-l'œil. Les filières sont toujours aussi ségrégatives, mais leurs contours sont devenus difficilement lisibles. Aujourd'hui, 62 % environ des

38. Source : *Les Jeunes, portrait social*, Insee, 2000, tableau 1, p. 53.
39. Le Cerc, présidé par Jacques Delors, est chargé de dresser un état des lieux des revenus, des inégalités sociales et de la cohésion sociale. Il a notamment publié à l'automne 2006 un rapport intitulé *La France en transition, 2003-2006* (Paris, La Documentation Française, 2006).
40. Conseil de l'emploi, des revenus et de la cohésion sociale, *Éducation et redistribution*, rapport n° 3, 2003, p. 17.

enfants d'une classe d'âge obtiennent un baccalauréat. Beau résultat sans aucun doute : ce chiffre était de 4 % en 1946 et de 10 % encore en 1966. Mais pour quelles perspectives, quand, parmi ceux qui y parviennent *sans retard scolaire*, 50 % des fils de cadres s'orientent vers les classes préparatoires des grandes écoles contre 19 % des fils d'ouvriers ? Et que peut bien, d'ailleurs, représenter ce dernier chiffre puisque, à 15 ans, 60 % des fils d'ouvriers ont redoublé ?

Ce qu'il représente, on le sait : 17 % des enfants de cadres intègrent une grande école et en décrochent le diplôme, contre seulement 1 % des enfants d'ouvriers[41]... Et comment s'étonner d'un tel résultat, dès lors que les écarts entre ceux-ci et ceux-là s'accroissent dans les apprentissages fondamentaux tout au long de la scolarité primaire. En effet :

> [...] les écarts initiaux de compétence, socialement marqués, sont encore renforcés par des progressions inégales entre le CP et la 6e selon le milieu d'origine de l'élève [...] La moitié des disparités sociales est déjà constituée avant l'entrée à l'école élémentaire et, chaque année, les écarts de résultat de réussite entre enfants de cadres et enfants d'ouvriers se creusent de près de 10 %[42].

Là encore, *mutatis mutandis*, ce qui vaut aujourd'hui valait il y a quarante ans[43]. « Un fils de cadre supérieur a quatre-vingts fois plus de chances d'entrer à l'université qu'un fils de salarié agricole et quarante fois plus qu'un fils d'ouvrier ; et ses chances sont encore

---

41. Si l'on en croit l'analyse proposée par l'Insee, ce serait au tout début des années 1980 que, face à la massification du supérieur, les écoles – et plus particulièrement les grandes – (re)deviendraient le refuge ultime des enfants de l'élite. Sur ce point, cf. ALBOUY VALÉRIE et WANECQ THOMAS, « Les inégalités d'accès aux grandes écoles », *Économie et statistique*, n° 361, Insee, juin 2003.
42. CAILLE JEAN-PIERRE et ROSENWALD FABIENNE, « Les inégalités de réussite à l'école élémentaire, construction et évolution », in *France portrait social*, Insee, 2006, p. 125-129.
43. « L'égalité des chances d'ascension sociale est loin d'être totale. [...] La scolarisation des jeunes est plus fréquente et plus longue en moyenne dans les milieux favorisés que dans les autres. [...] Les différences que l'on observe actuellement dans les taux de scolarisation des différents groupes sociaux coïncident avec les écarts qui séparent les divers niveaux d'instruction des différentes catégories de la population non scolaire » (PRADERIE MICHEL, « Héritage social et chances d'ascension », *op. cit.*, p. 346).

deux fois supérieures à celles d'un cadre moyen[44] », écrivait déjà Pierre Bourdieu en 1966.

Certes, depuis cette analyse ou les travaux fondateurs de Christian Baudelot et Roger Establet[45] au début des années 1970, les conditions de la reproduction sociale à travers l'école se sont modifiées. Le récent bilan dressé par l'Insee de l'accès aux diplômes selon l'origine sociale, qui a balayé plus d'un demi-siècle en comparant les générations, depuis celle née en 1920-1922 à celle de 1974-1976, est sans appel.

> Pour l'obtention ou non d'un diplôme quel qu'il soit, les inégalités d'accès selon l'origine sociale se réduisent jusqu'à la génération 1956-1958, puis s'accroissent [...]. Pour la deuxième transition (obtention du BEPC, du CAP ou du BEP) la tendance est à la décroissance des inégalités, rapide d'abord, puis plus lente. Pour [...] l'obtention du baccalauréat, les inégalités d'accès demeurent stables au fil des générations, sauf pour les plus récentes [...] Pour les titulaires d'un diplôme de niveau égal ou supérieur au baccalauréat, l'inégalité d'accès à un diplôme de l'enseignement supérieur en fonction de l'origine sociale s'est accrue de façon continue[46].

Le bilan, provisoire, de ces diverses évolutions apparaît aujourd'hui très contrasté. La *démocratisation quantitative* de l'enseignement – le fait que certaines couches sociales accèdent à des niveaux qui leur étaient jusqu'alors inaccessibles – est un acquis incontestable. Mais elle ne s'est pas accompagnée de la *démocratisation qualitative* qu'on aurait pu lui croire concomitante. Si l'accès élargi aux enseignements secondaire et supérieur bénéficie de manière identique à tous les milieux sans que les disparités de départ s'amoindrissent, si les catégories défavorisées ne tirent pas de ces évolutions un profit plus grand, alors il n'y a pas de réduction des

---

44. Bourdieu Pierre, « La transmission de l'héritage culturel », in Darras, *Le Partage des bénéfices*, *op. cit.*, p. 388.
45. Baudelot Christian et Establet Roger, *L'École capitaliste en France*, Paris, François Maspéro, 1971 ; *L'École primaire divise*, Paris, François Maspéro, 1975.
46. Selz Marion et Vallet Louis-André, « La démocratisation de l'enseignement et son paradoxe apparent », *Données sociales 2006*, Insee, p. 105.

inégalités sociales devant l'école. Or c'est bien ce qui se produit à partir de la fin des années 1970. La démocratisation quantitative, comme l'on sait, a poursuivi son chemin jusqu'à aujourd'hui ; mais la démocratisation qualitative s'est alors, au contraire, interrompue, jusqu'à même régresser. Pour les générations nées après 1958, la seconde subit un coup d'arrêt[47], au moment même où l'accès aux grandes écoles devient plus sélectif socialement[48]. Au cours des trois dernières décennies, une « reconquête bourgeoise » de l'école[49] est venue se superposer à la démocratisation (quantitative) de l'enseignement.

Devant la permanence de ces réalités, décidément têtues, il faudra bien un jour se rendre à l'évidence et enfin définitivement admettre que ce n'est que par antiphrase que l'Éducation nationale peut se prévaloir de promouvoir l'égalité des chances. Comme le disait déjà Pierre Bourdieu en 1966 :

> C'est sans doute par un effet d'inertie culturelle que l'on peut continuer à tenir le système scolaire pour un facteur de mobilité sociale [...] alors que tout tend à montrer au contraire qu'il est un des facteurs les plus efficaces de conservation sociale en ce qu'il fournit l'apparence d'une légitimation aux inégalités sociales et qu'il donne sa sanction à l'héritage culturel, au don social traité comme don naturel[50].

Si l'immobilité sociale traduit la difficulté qu'il y a à s'évader de la condition de ses parents, si, globalement, l'école ne parvient pas à arracher chacun de nous hors de là d'où il vient, c'est que la prégnance du milieu familial d'abord, des relations et des pairs ensuite, est suffisamment forte dans la constitution des identités pour assurer la reproduction sociale. Le « choix du conjoint[51] » dans un milieu

---

47. Thélot Claude et Vallet Louis-André, « La réduction des inégalités sociales devant l'école depuis le début du siècle », *Économie et statistique*, Insee, n° 334, 2000.
48. Albouy Valérie et Wanecq Thomas, « Les inégalités d'accès aux grandes écoles », *op. cit.*
49. Prost Antoine, *L'Enseignement s'est-il démocratisé ?*, Paris, PUF, 1986.
50. Bourdieu Pierre, « La transmission de l'héritage culturel », *op. cit.*, p. 387.
51. Girard Alain, *Le Choix du conjoint*, Ined, 1967. Livre fondateur.

social identique ou proche, ce que l'on appelle l'homogamie [52], en est un autre facteur essentiel. L'interrogation du sociologue Louis Chauvel suffit à résumer la situation qui prévaut en la matière :

> Si vraiment les classes sociales sont parfaitement poreuses, pourquoi les fils de cadres de la génération 1950-1955 vivent-ils dans 27 % des cas avec des filles de cadres alors que les fils d'ouvriers ne sont que 3,3 % à vivre avec des filles de cadres ? Pourquoi les cadres hommes vivent-ils dans 24,3 % des cas avec une femme cadre, alors que ce n'est le cas que de 0,7 % des ouvriers [53] ?

Ainsi les hommes cadres ont-ils vingt-quatre chances de vivre avec une femme qui est elle-même cadre, contre une de vivre avec une ouvrière ; à l'inverse, les ouvriers ont quinze chances de vivre avec une ouvrière, contre une d'être le compagnon d'une cadre... Au total, la probabilité relative pour un cadre de vivre avec une cadre plutôt qu'avec une ouvrière est 360 fois plus élevée que pour un ouvrier !

S'agissant des cadres, on peut en conclure, avec Louis Chauvel, que cela « laisse supposer quelques décennies à l'avance l'émergence d'une nouvelle génération d'étudiants (leurs enfants) qui auront eu le confort matériel et les références culturelles idoines pour obtenir tous les succès scolaires envisageables ». Et, avec Pierre Bourdieu, que « le plus sûr garant de l'homogamie et, par là, de la reproduction sociale, est l'affinité spontanée qui rapproche les agents dotés d'habitus ou de goûts semblables, donc produits de conditions et de conditionnements semblables [54] » ; rien donc de spontané, sinon dans les sentiments, du moins dans les affinités électives [55]. Quitte à

---

52. On trouvera dans l'article de Vanderschelden Mélanie, « Position sociale et choix du conjoint » (*Données sociales*, Insee, mai 2006) les toutes dernières données disponibles.
53. Chauvel Louis, « Le retour des classes sociales ? », *Revue de l'OFCE*, octobre 2001.
54. Bourdieu Pierre, « De la règle aux stratégies », *Terrain*, n° 4, *Famille et parenté*, 1985.
55. Les travaux de Michel Bozon en apportent une confirmation éclatante. Voir en particulier : « La découverte du conjoint, les scènes de rencontre dans l'espace social », *Population*, Ined, 1988 ; « Le choix du conjoint », in de Singly François (dir.), *La Famille, état des savoirs*, Paris, La Découverte, 1991 ; « Les constructions sociales de la sexualité », *Population*, Ined, 1993.

devoir reprendre Marivaux, il est bien avéré que les jeux de l'amour ne sont pas ceux du hasard ; les maîtres n'y épousent les servantes qu'à la condition qu'elles soient de fausses suivantes !

Par ailleurs, au-delà de ce qui nous paraît à tort comme le moins socialisé, le plus intime et le plus privé – le choix du compagnon ou de la compagne –, l'autre composante de ce qui permet la vie entre soi – la spécialisation sociale des territoires – est désormais suffisamment décrite[56] pour qu'il ne soit pas nécessaire ici d'y insister outre mesure. De tout temps ou presque, la ségrégation spatiale a été à l'œuvre : pour prendre le seul exemple de Paris, l'opposition entre quartiers populaires de l'Est et quartiers bourgeois de l'Ouest s'ancre dans une histoire déjà longue.

> La structure sociale actuelle de l'espace urbain ne saurait être interprétée comme l'effet direct des tendances les plus récentes de l'économie, elle est inévitablement l'héritage historique des effets des mouvements de l'économie et de la société en longue période, cristallisés tant dans les structures matérielles de l'espace bâti que dans ses formes sociales de valorisation symbolique et d'appropriation[57].

Aujourd'hui, dans un contexte d'urbanisation croissante et donc de pression foncière accrue, ces logiques s'exacerbent. L'explosion du prix des logements des dernières années conduit à un embourgeoisement progressif des quartiers ouvriers, à leur « gentryfication », ou leur « boboïsation », selon les auteurs, alors que les couches plus modestes sont peu à peu reléguées dans les périphéries.

Comment peut-on alors, pour aujourd'hui sans aucun doute mais aussi pour hier, penser la société en termes de simples inégalités ? Comment, alors qu'à travers cette tendance à ne rencontrer

---

56. Voir la bibliographie mentionnée sur ce point dans l'introduction, à laquelle on ajoutera le très remarquable ouvrage de Guilluy Christophe et Noye Christophe, *Atlas des nouvelles fractures sociales en France*, Paris, Autrement, 2004.
57. Préteceille Edmond, « Lieu de résidence et ségrégation spatiale », in « La société française et ses fractures », *Cahiers français*, n° 314, Paris, La Documentation française, mai-juin 2006.

et ne connaître que le même et à ne vivre qu'entre soi, notre société apparaît non comme ce lieu de métissage des groupes sociaux que l'on voudrait y voir, mais celui de l'addition de destins collectifs différents, qui se côtoient plus qu'ils ne se mêlent ?

Une société de classes, pourquoi ?

Toute société est traversée par des inégalités qui distinguent et séparent les couches sociales les unes des autres. La nôtre n'y échappe évidemment pas.

C'est bien sûr d'abord par les revenus, résultats des fruits de l'activité et des bénéfices du patrimoine, et en tenant compte de la taille des ménages, que se mesure l'inégalité potentielle dans l'accès aux biens et services et l'éventuelle capacité d'épargne qui permet de faire face aux aléas de la vie et, pour certains, de transmettre des biens ; soit, en définitive, le statut social.

Revenu mensuel avant impôt et transferts sociaux par « unité de consommation » (en euros et en base 100), 2001

Cadres	2 501	231
Professions intermédiaires	1 625	150
Employés	1 153	106
Ouvriers	1 085	100

Mais ce qui importe est que toutes – absolument toutes – les mesures que l'on peut donner de l'inégalité des conditions de vie indiquent qu'une hiérarchie permanente et immuable recouvre la société de son emprise. Cela vaut aussi bien pour ce qui peut paraître anodin, comme le surpoids ou la fréquentation des musées, que pour le plus grave, l'inégalité devant la mort. À 60 ans, cinq années d'espérance de vie séparent le cadre de l'ouvrier ; trois séparent la cadre de l'ouvrière ; et cette différence s'est récemment accentuée.

Ce qui se montre là est ce qui fait l'ordinaire de nos vies, le cadre banalement quotidien qui les organise et les structure : la force des habitudes sans doute, mais d'abord l'emprise d'un mode de hiérarchisation sociale qui pèse sur chaque instant de l'existence des personnes.

Ainsi l'ordre inégalitaire qui enserre de toutes parts notre condition sociale ne relève-t-il pas d'un aléa regrettable, dont on pourrait aisément se défaire ou s'affranchir : il définit et qualifie l'omniprésente hiérarchie des places occupées. En ce sens, il fournit d'abord la mesure des distances[58] qui séparent les couches de la société. Pendant les Trente Glorieuses, le pouvoir d'achat des cadres était de vingt années en avance sur celui des ouvriers, la moitié d'une pleine vie professionnelle ! À la fin du XXe siècle, cette distance était devenue de l'ordre de trois ou quatre... siècles : douze à quinze générations ! Les uns sont, au sens propre, à des années-lumière des autres.

Mais il n'est pas ici question que de distance : que la mobilité sociale soit aussi faible et l'homogamie si forte signifie que ceux-ci ne se mélangent guère à ceux-là et que l'existence d'une véritable porosité sociale est, pour le moins, problématique. Par cette double permanence – dans l'espace des différents domaines de la vie et dans le temps de l'histoire des personnes – se construisent et se façonnent, presque subrepticement, les identités.

Dans un texte fondateur, Claude Lévi-Strauss reprend à son compte les propos du grand ethnologue Franz Boas :

> La différence essentielle entre les phénomènes linguistiques et les autres phénomènes culturels est que les premiers n'émergent jamais à la conscience claire, tandis que les seconds, bien qu'ayant la même origine inconsciente, s'élèvent souvent jusqu'à un niveau de la pensée consciente, donnant ainsi naissance à des raisonnements secondaires et à des réinterprétations [...], interprétations secondaires si fréquentes en ethnologie qu'elles peuvent obscurcir irrémédiablement l'histoire du développement des idées[59].

Avec lui, on dira que, en deçà des représentations que l'on s'en forge, l'ordre inégalitaire ressortit ainsi d'un statut d'inconscient, qui s'impose aux esprits et les structure malgré eux.

---

58. Cf. RIGAUDIAT JACQUES, « La dynamique des inégalités sociales », Laboratoire de socioéconomie de l'université Paris I, 1974 ; CHAUVEL LOUIS, « Le retour des classes sociales ? », *op. cit.*
59. BOAS FRANZ, *Handbook of American Indian Languages*, in LÉVI-STRAUSS CLAUDE, *Anthropologie structurale*, Paris, Plon, 1958, p. 26-27.

De ce constat on tirera une conséquence méthodologique : lire une société, c'est d'abord révéler ses contiguïtés, qui autorisent le libre mélange, et ses barrières, qui empêchent les passages. C'est, en définitive, identifier les modalités par lesquelles circulent ses membres. Nos sociétés sont à comprendre à travers la mise au jour des structures de l'apparentement social.

Cette réalité-là ne se laisse donc en rien appréhender au travers de notions telles celle de groupe – « ensemble de personnes (ou de choses) ayant *un* caractère commun » – et encore moins de strate – « ensemble homogène d'une population vis-à-vis d'*une* variable »[60].

Ce que, par leur répétition en chacun des domaines de l'espace et du temps de la vie, les « inégalités sociales » donnent à voir, ce sont les représentations métaphoriques de l'ordre social. Si les distances mesurées peuvent varier en fonction du thème retenu – consommation, possession de biens durables, logement, loisirs, relations, santé, formation, revenu, etc. –, l'ordre hiérarchique reste le même : les positions sont immuables. C'est aussi pourquoi il ne s'agit pas seulement de différences, de « plus » ou de « moins », ce que le vocable d'inégalité sous-entend pourtant.

Socialement, il importe peu, en effet, que l'on vive à l'étage du dessus ou à celui du dessous ; l'essentiel, pour l'analyse, est de savoir si ce voisinage permet l'échange ou s'il n'autorise qu'un regard distant lorsque, hasard des emplois du temps, l'on se croise dans l'escalier, seule chose que l'on ait alors véritablement en partage.

Or tout ce que nous avons pu examiner jusqu'à présent montre qu'il s'agit bel et bien d'univers différents ; peuplés, pour chacun d'entre eux, de « personnes qui ont en commun une fonction, un genre de vie [...] et qui sont envisagées comme un sous-ensemble *distinct et important* de la société », de classes sociales[61].

---

60. Définitions tirées du *Grand Robert.*

61. Cette définition, celle du mot classe en l'occurrence, est elle aussi tirée du *Grand Robert*. Rappelons que *classe* est un emprunt au latin *classis*, « division du peuple romain ». Sa première attestation en français remonte au XIVe siècle et concerne, précisément, l'histoire romaine. Ce n'est que tardivement, dans le courant du XVIIIe siècle que, sous l'influence des physiocrates et des encyclopédistes, se fixe progressivement

Cet examen de la hiérarchie de classes[62], qui se dégage de la société salariale à partir de ses contiguïtés et de ses barrières, laisse ainsi très clairement apparaître une tripartition[63].

S'y opposent deux grandes catégories, chacune fortement endogamique et n'ayant que peu de rapports directs avec l'autre :

– *les couches populaires,* les salariés d'exécution – ouvriers et employés – aux revenus très proches et aux destins similaires. Ces couches populaires représentent près de 55 % de la population, active comme totale ;

– *l'élite salariale,* formée de tous ceux, cadres salariés et professions libérales, qui décident et organisent, soit un actif sur sept et un Français sur huit. Ses revenus sont de 2,5 à 3 fois plus élevés et lui autorisent une capacité d'épargne, qui se matérialise par

---

le sens moderne appliqué à l'analyse de la composition et de la structure de la société. C'est, en effet, à cette époque qu'il vient se substituer à « ordre » ; jusqu'à ce que, vers la fin de ce même siècle, l'hyperonymie entre *ordre* et *classe* soit inversé. « Dès lors *ordre* tendra à se définir par *classe,* alors que jusqu'à la fin du XVIIIe siècle il était un des éléments définitoires de classe : « On appelle ordres d'un état différentes classes et assemblées des hommes avec leurs différents pouvoirs et privilèges » (*Encyclopédie,* article « Ordre »). Il faudra attendre l'édition de 1835 du dictionnaire de l'Académie pour que l'acception du sens moderne soit retenue. Cf. PIGUET MARIE-FRANCE, *Classe. Histoire du mot et genèse du concept,* Lyon, PUL, 1996.

62. On trouvera dans CHOPART JEAN-NOËL et MARTIN CLAUDE (dir.), *Que reste-t-il des classes sociales ?,* Paris, Éditions ENSP, 2004, un ensemble de diverses contributions réunies autour de cette interrogation.

63. Compte tenu des références habituellement utilisées lorsque l'on s'engage dans une analyse en termes de classes, références qui sont très généralement dualistes, et des échos que ce qui est ici proposé pourrait avoir, le lecteur intéressé pourra utilement se souvenir de la réflexion de Lévi-Strauss dans le chapitre VIII (« Les organisations dualistes existent-elles ? »), de la première partie (« L'organisation sociale ») de son *Anthropologie structurale.* Il y conclut en effet que le dualisme « n'est jamais réalisé complètement dans l'expérience, sinon sous la forme imparfaite de systèmes qui restent irréductibles à un dualisme, sous les espèces duquel ils essayent vainement de se représenter. [...] Il résultera que le trialisme et le dualisme sont indissociables, parce que le second n'est jamais conçu comme tel, mais seulement sous forme de limite du premier », *op. cit.,* p. 167. On se contentera ici de dire que cette réflexion nous paraît valoir bien au-delà des sociétés « froides » qui sont supposées être seules dans le champ de l'ethnologie.

On ajoutera enfin que Marx n'a pas pu développer son analyse des classes, son manuscrit du livre III du *Capital,* interrompu par sa mort, s'achève sur le chapitre LII, précisément intitulé « Les classes ». Chapitre interrompu donc, qui ne fait qu'à peine

l'existence d'un patrimoine, inconnue dans les autres classes sociales[64].

Quant aux *classes moyennes* qui viennent s'intercaler entre couches populaires et élite salariale, constituées par les salariés d'encadrement intermédiaire, et une large part des fonctionnaires (environ 40 % de cette catégorie), elles représentent nettement plus d'un Français sur cinq mais pas encore un actif sur quatre. Elles se distinguent des couches populaires par un niveau de vie plus élevé d'environ 50 %, mais elles se différencient encore plus clairement de l'élite salariale par des revenus de 1,7 à 2 fois plus faibles.

Ces groupes charnières, par lesquels transite l'essentiel des trajectoires sociales, d'ascension comme de régression, se caractérisent essentiellement par leurs relatives hétérogamie et mobilité. Ils jouent un rôle clé de sas, espace d'acculturation pour les enfants des couches populaires espérant s'élever dans l'échelle sociale. Lieu de tous les rêves, ils sont aussi, dès que les conditions se durcissent, celui des craintes et des désillusions.

La société immobile, l'économie en mouvement

La tendance immanente d'une organisation sociale est sa propre perpétuation. Une telle inertie peut bien être à l'œuvre et prévaloir dans les sociétés primitives « froides » que nous décrivent les ethnologues, où les techniques ne se modifient guère et qui nous apparaissent sans histoire et sans évolution ; elle ne peut exister dans nos sociétés modernes, « chaudes », où la croissance économique est le principe

---

plus d'une page et dont Engels, en le publiant après la mort de son auteur, dira : « Du chapitre dernier, seul le début existe. » On retiendra néanmoins de Marx, en le rapprochant de la phrase précitée de Lévi-Strauss, ce qu'il nous y dit des classes en Angleterre, où la « division économique de la société moderne connaît son développement le plus poussé et le plus classique. Toutefois, même dans ce pays la division en classes n'apparaît pas sous une forme pure. Là aussi, les stades intermédiaires et transitoires estompent les démarcations précises. Cependant, pour notre étude, cela est d'ailleurs sans importance »... Le tripartisme est bien le constat du réel, le dualisme un horizon.

64. Sur ce sujet, trop peu fréquemment traité, on trouvera dans le numéro 249 d'*Alternatives économiques* de juillet-août 2006 un excellent dossier de Guillaume Duval : « À qui profite la reprise ? ». On y ajoutera la récente publication de l'Insee précitée : « Revenus et patrimoines, édition 2006. »

dominant. En modifiant les formes d'organisation des rapports de production, en affectant les structures de l'emploi, qui constituent le cœur et la source de la hiérarchisation sociale mais aussi la base matérielle des conditions de vie, les transformations de l'économie assurent le mouvement de la société. Malgré elle, qui s'y résigne à contrecœur.

Les processus de la reproduction se manifestent alors dans des stratégies de résistance, qui veillent à assurer malgré tout ce retour de l'identique : le maintien de l'ordre et de la hiérarchie sociale. « Il faut que tout change pour que rien ne change », faisait dire Giuseppe di Lampedusa au prince Salina, son personnage du *Guépard*. Ces résistances et ces accommodements dessinent alors les possibilités d'ascension sociale.

Dans cette cartographie des destinées[65], le mouvement est d'abord donné par l'évolution « démographique » des différents groupes sociaux, requise par les transformations de l'emploi. C'est cela, d'abord, qui détermine la mobilité, non l'existence d'une quelconque égalité des chances.

Ainsi, les cadres, catégorie en croissance dont le poids a quadruplé depuis le début des années 1960, appellent à eux bien au-delà de leurs propres enfants et ne peuvent qu'accueillir de nouveaux arrivants, le plus souvent issus des couches moyennes. Cinquante-deux pour cent des fils de cadres sont eux-mêmes cadres, mais 24 % seulement des cadres sont issus de familles de cadres. Cela fait contraste avec le devenir d'une catégorie en déclin comme celle des agriculteurs : 22 % seulement des fils d'agriculteurs le demeurent, même si 88 % des agriculteurs sont issus de leurs rangs. D'une manière générale, le déclin des couches extérieures au salariat proprement dit – agriculteurs, commerçants et artisans sont en forte régression – oblige leurs enfants à aller vers le salariat et à rejoindre généralement les couches populaires, et plus particulièrement les ouvriers.

65. L'article précité de Simone Chapoulie, qui concerne la mobilité au cours de la carrière professionnelle (et non la mobilité intergénérationnelle des enfants par rapport aux parents) en donne des illustrations frappantes avec la « Carte de la mobilité » et la « Table de destinées »...

Quant aux classes moyennes, dont les effectifs ont quasiment triplé depuis le début des années 1960, elles doivent à leur tour assurer un intense recrutement ; recrutement pour elles-mêmes d'abord, du fait de leur croissance spécifique, mais aussi pour remplacer ceux des leurs qui ne parviennent pas à maintenir leur position et regagnent les classes populaires ou, ceux, un peu moins nombreux, qui poursuivent leur ascension et rejoignent les cadres. Ce renouvellement se fait essentiellement à partir des couches populaires, mais aussi en accueillant les enfants de cadres qui n'ont pu maintenir leur position. Cet intense brassage fait contraste avec l'immobilité relative des deux autres catégories.

Pour les couches populaires, enfin, les conditions de la mobilité n'ont guère varié au fil du temps ; elles continuent d'être liées à la possibilité qui leur est ou non offerte d'accéder aux couches moyennes. Nous verrons que c'est surtout leur propre recomposition qui caractérise la période actuelle.

Ce n'est donc pas la société qui est mobile mais l'économie qui la met en mouvement. Encore faut-il pour cela que le moteur dudit mouvement soit en état de marche...

C'est précisément son bon fonctionnement, du lendemain de la Libération au premier choc pétrolier, qui a permis de nourrir l'illusion de l'homogénéisation de la société grâce à la consommation de masse et à la progression des emplois intermédiaires et supérieurs. Cette mécanique n'abolissait pas les classes, mais permettait de les oublier.

Ces Trente Glorieuses ont en effet été marquées par un quasi-plein-emploi. Au regard des niveaux de chômage aujourd'hui atteints, il faut faire un très réel effort pour imaginer ce que furent les réalités d'alors. De 1945 à 1962, la population active demeure stable et le chômage fluctue aux alentours de 1,3 % ! Si le pays peut alors assumer l'effort de reconstruction, puis connaître une croissance rapide, si le salariat peut se développer, c'est très largement sous l'effet d'une mutation radicale de l'agriculture, qui se traduit par la « fin des paysans »[66].

---

66. Mendras Henri, *La Fin des paysans*, 1967, Arles, Actes Sud, 1992.

L'arrivée des rapatriés d'Algérie, en 1962 et 1963, viendra rompre cette stabilité, mais le chômage n'en sera que faiblement et très provisoirement accru. Au total, de 1949 à 1966, le nombre des chômeurs[67] sera au minimum de 161 000 (en 1957) et ne dépassera jamais les 300 000 (en 1953) ! Cette période fut marquée par des pénuries de main-d'œuvre, une augmentation de la durée du travail et un appel récurrent à l'immigration.

L'entrée progressive des enfants du baby-boom sur le marché de l'emploi modifiera ensuite profondément le paysage ; elle entraînera, dès le début des années 1960, une forte augmentation de la population active, qui ne s'est jamais démentie depuis ; jusqu'en 2005 du moins. Dès cette période, la croissance, pourtant élevée, mais qui s'accompagnait de très forts gains de productivité, s'avéra incapable d'offrir une activité à tous les nouveaux venus, et le chômage connut sa première véritable montée. De cette transformation, la prise en compte du problème dans le Ve Plan (1966-1970) témoigne éloquemment : alors que la croissance attendue était de 5 % par an, le taux de chômage fixé comme seuil d'alerte, le « clignotant », était de 2,5 %, un quasi-doublement par rapport à la période précédente... De fait, le nombre de sans-emploi passe de moins de 300 000 au début des années 1960 à près de 700 000 à la fin de 1973[68]. C'est alors, après le premier choc pétrolier, que le moteur économique du mouvement de mobilité sociale se grippe.

Stagnation de l'emploi et du pouvoir d'achat : la fin de l'illusion

La mécanique du progrès de tous, versant social du fordisme – l'échelle sociale était pratiquement immuable mais s'élevait progressivement – s'enraye à partir de 1974 et se détraque définitivement à partir de 1984. Il existe à cela deux raisons essentielles.

---

67. Carré Jean-Jacques, Dubois Paul et Malinvaud Edmond, *La Croissance française*, Paris, Le Seuil, 1977, annexe IV.
68. Il s'agit ici du chômage au sens du BIT.

D'abord, l'emploi n'a pas suivi. La croissance économique enregistrée depuis 1974 n'atteint pas même la moitié de celle des Trente Glorieuses : 2,1 % par an en moyenne, contre 5,1 % entre 1949 et 1974[69]. Ce ralentissement s'est globalement traduit par une stagnation durable de l'emploi salarié, qui se fait sentir tout au long des années 1980 et jusqu'à la fin des années 1990. En 1988, il retrouve tout juste le niveau qui était le sien en 1976[70]. Cela alors même que le nombre des non-salariés n'a cessé de diminuer. Sur ces deux décennies, l'emploi aura donc globalement stagné, alors même que la population active augmentait à un rythme soutenu. La montée du chômage est la conséquence la plus directe de cette situation. Avec le premier choc pétrolier, il s'envole. De septembre 1974 à septembre 1975, les demandes d'emploi enregistrées par l'ANPE passent de 528 000 à 916 000. La barre du million de chômeurs sera franchie à la fin 1975, et la « crête » des 2 millions à laquelle Pierre Mauroy voulait s'adosser pour se battre sera franchie à la fin 1982. Depuis, hors les deux épisodes que furent les gouvernements Rocard et Jospin, la progression du chômage ne se démentira plus jusqu'au deuxième trimestre 2005. Les trente années qui ont suivi le choc pétrolier ont ainsi vu l'irruption de l'insécurité économique.

69. Encore ne faut-il pas se tromper de diagnostic : ce ralentissement n'apparaît comme tel qu'au regard de ce qui a été connu au moment des Trente Glorieuses. Or, au vu des évolutions séculaires, c'est cette dernière période qui apparaît exceptionnelle. En effet, sur le siècle, la croissance française a été de l'ordre de 2,5 %, chiffre convergent avec les indications de ce type dont on peut disposer pour les autres pays capitalistes.

70. Le nombre de salariés relevant de l'Unedic était de 13,145 millions en 1976. Il fluctuera autour de ce chiffre pendant toute cette période pour atteindre 13,154 millions en 1988. Ce n'est qu'après qu'il s'en éloignera franchement, surtout au lendemain de la crise de 1991-1992 liée à la première guerre du Golfe.

Évolution de la population active (en milliers de personnes), 1962-2005 [71]

	1962	1975	2005	Répartition 1962	Répartition 2005	Part des femmes 2005	Évolution 1962-2005
Agriculteurs exploitants	3 045	1 691	673	15,9 %	2,7 %	33,4 %	– 2 372
Artisans, commerçants et chefs d'entreprise	2 084	1 766	1 495	10,9 %	6 %	29,5 %	– 589
Cadres supérieurs et professions intellectuelles	892	1 496	3 664	4,7 %	14,7 %	35,7 %	+ 2 772
Professions intermédiaires	2 114	3 394	5 782	11 %	23,2 %	47,9 %	+ 3 668
Employés	3 535	4 786	7 252	18,4 %	29,1 %	76,6 %	+ 3 717
Ouvriers *dont :*	7 488	7 781	5 956	39,1 %	23,9 %	20,3 %	– 1 532
ouvriers qualifiés	3 045	3 745	3 888	15,9 %	15,6 %	–	+ 843
ouvriers non qualifiés	4 443	4 035	1 844	23,2 %	7,3 %	–	– 2 599
Population active occupée	19 158	20 914	24 921	100 %	100 %	52 %	+ 5 763
Chômeurs	330	808	2 717	–	–	–	2 387

La seconde raison de cette paralysie tient au fait que la croissance du pouvoir d'achat s'est très fortement ralentie au lendemain du premier choc pétrolier, pour stagner à partir de 1984[72]. Au moment même où, à la fin des années 1980, l'emploi commence à timidement repartir, c'est le pouvoir d'achat qui tombe en panne.

71. Source Insee.
72. Pour une analyse récente sur ce point, cf. Desplatz Rozenn, Jamet Stéphanie, Passeron Vladimir et Romans Fabrice, « La modération salariale en France depuis le début des années 1980 », *Économie et statistique*, n° 367, Insee, février 2004.

Évolution de quelques indicateurs de revenus en francs constants, 1970-2004[73]

Taux de croissance annuel en %	1970-1975	1975-1979	1979-1984	1984-1990	1990-1996	1997-2004
Salaire net à plein temps (privé)	3,8	2	0,5	1	0,1	0,6
Smic net	6,8	2,2	2,4	0	0,4	0,6
Revenu initial par unité de consommation	4,8	1,8	0,4	0,1	– 0,2	–

Dans la première moitié des années 1990, une rupture intervient : les 10 % les plus pauvres subissent une forte chute de leur pouvoir d'achat (– 3,5 % par an, soit au total, – 20 % de 1990 à 1996), et le reste de la moitié la plus défavorisée de la population connaît une baisse sensible (– 0,6 % par an). À la différence de ce qui s'était produit à la fin des années 1980, ce blocage n'affecte pas chacun à l'identique : il creuse les écarts de revenus ; c'est le bas, tout le bas, qui est progressivement lâché.

Écarts de revenu initial par unité de consommation (en francs constants), 1970-1996

	1970	1979	1996
10 % les plus riches/10 % les plus pauvres	9,7	9,1	11,6
20 % les plus riches/20 % les plus pauvres	4,1	3,8	4,3
20 % les plus riches/20 % médians	2,5	2,2	2,2

Par rapport à cette involution, la toute fin des années 1990 marquera une nouvelle rupture, heureuse mais provisoire : avec la réduction du chômage, elle permet une progression à la fois générale et

73. Source : « France, portrait social 2000-2001 », Insee, octobre 2000 ; tableau 1, p. 115.

forte du pouvoir d'achat : 10,5 % de 1996 à 2001[74]. Bénéficiant en particulier aux plus modestes – les ménages appartenant aux 10 % les plus pauvres connaissent une progression de 16,3 % de leur pouvoir d'achat –, elle réduit très sensiblement les écarts qui s'étaient auparavant creusés. Mais cette embellie ne sera que brève rémission. En matière d'emploi et de salaires, nous avons depuis renoué avec les évolutions antérieures : la quasi-stagnation.

Ce faisant, la société de consommation de masse, soubassement de la « société salariale », se défait sous nos yeux. Non, d'ailleurs, que la passion qu'elle inspire se dissolve ; mais, plus prosaïquement, elle se dérobe trop ostensiblement à certains pour que l'on puisse continuer à faire semblant d'en ignorer la nature imaginaire. La consommation est bien là, toujours plus présente, mais c'est la capacité de consommer plus qui fait désormais défaut. L'espoir d'accéder, demain, à une possession aujourd'hui inaccessible s'évanouit. La « société salariale » est nue. Désormais, comme le dit Robert Castel en le redoutant, « c'est la structure même de la relation salariale qui risque d'être remise en question », et le retour de la réalité des barrières de classes peut apparaître comme un risque majeur. On comprend mieux à quoi correspond cette nécessité alléguée par les auteurs d'*Esprit* de ne maintenir que des inégalités, fussent-elles « nouvelles » : c'est, en définitive, le meilleur moyen de conjurer pareil retour. Il s'agit d'un pur et simple déni.

Une société où la condition de salarié prédomine, où, donc, l'unité de statut juridique est la règle, est inévitablement celle de la comparaison généralisée. Se pensant spontanément comme stratifiée plutôt que divisée en classes, chacun y cultive l'espoir de l'ascension sociale, pour soi ou pour ses enfants.

Face à cet imaginaire, la période récente a permis d'éprouver particulièrement le poids des processus de la reproduction sociale et

74. Legendre Nadine, « Évolution des niveaux de vie de 1996 à 2001 », *Insee Première*, n° 947, janvier 2004.

de l'immobilisation à laquelle elle tend en toute occasion. Ralentissement de la croissance et du pouvoir d'achat, trop faible création d'emplois, elle semble faire contraste avec celle des Trente Glorieuses qui l'a précédée et faire jouer une réalité radicalement nouvelle ; elle n'était que niée.

À lire les analyses que la crise que nous vivons suscite et à les comparer dans le temps – celui, récent, des années 1960, comme celui du milieu du XIXe siècle –, la fin de la « société salariale » tant redoutée apparaît en effet moins être celle d'une réalité que celle d'une illusion, celle de la société sans classes.

Contrairement à ce que dit Robert Castel, la « condition salariale » ne s'oppose pas à la condition prolétarienne, ni ne la fait disparaître ; elle l'adoucit et peut ainsi la masquer, voilà tout. Les mutations du capitalisme contemporain, que les classes populaires vivent en première ligne, le rappellent chaque jour davantage.

CHAPITRE 2. LA WAL-MART ÉCONOMIE ET LE NOUVEL ORDRE PROLÉTAIRE

Avec la stagnation de l'emploi et du pouvoir d'achat, la rupture économique du milieu des années 1970 a donc été quantitative. Elle n'a toutefois pas été que cela. En frappant de façon élective les couches populaires, la montée d'une insécurité économique massive a conduit à un délitement social dramatique.

Cette situation, pour nouvelle qu'elle nous semble, est-elle cependant sans précédent ? Ce qui apparaît aujourd'hui comme un inquiétant changement est-il autre chose que la mesure d'une amnésie collective, le refoulement d'une « question sociale » oubliée ? Que le progrès ne soit plus vraiment ce que l'on a pu croire qu'il était, est-ce vraiment inédit ?

« L'optimisme social, que tout le monde partageait encore il y a quelques années, ne peut plus être prêché aujourd'hui que par les gens de mauvaise foi ou les imbéciles » : la citation d'Eugène Buret[1] placée en exergue à cet ouvrage autorise à en douter !

L'optimisme ne saurait en effet être de mise dès lors que l'insécurité économique qui s'est installée est le résultat d'une évolution assez radicale des rapports sociaux de production et d'un retour à la nudité de l'ordre prolétaire.

1. Eugène Buret a écrit en 1840 un ouvrage qui est un classique de la littérature sur le paupérisme : *La Misère des classes laborieuses en Angleterre et en France*. Son long sous-titre indique assez précisément quel en était le propos : « De la nature de la misère, de son existence, de ses effets, de ses causes et de l'insuffisance des remèdes qu'on lui a opposés jusqu'ici ; avec l'indication des moyens propres à en affranchir les sociétés ». Les Éditions d'histoire sociale en ont fait paraître un fac-similé en 1979.

La recomposition des couches populaires

La classe ouvrière invisible

Alors que pendant les Trente Glorieuses, la croissance de l'emploi avait aussi bien concerné le tertiaire que l'industrie, cette heureuse concomitance s'est depuis interrompue. Le tertiaire est passé de 11 à 20 millions d'emplois au cours des trois dernières décennies, cependant que l'industrie n'a cessé de voir son nombre de postes diminuer : 2 millions, soit près d'un tiers de moins !

Compte tenu des structures d'emplois propres à ces deux secteurs, les cadres ont continué de voir leurs débouchés s'accroître à une vitesse qui n'a été que légèrement ralentie ; pour les professions intermédiaires, elle s'est aussi poursuivie, mais à un rythme deux fois moindre.

Il en est allé très différemment des couches populaires. Avec la montée du tertiaire, les postes d'employés ont continué d'augmenter (+ 2,5 millions). Mais, comme pour les professions intermédiaires, cette croissance a vu son rythme divisé par deux. Dans le même temps, les emplois ouvriers ont diminué. Plus précisément : les ouvriers qualifiés sont restés presque aussi nombreux, mais le nombre d'ouvriers non qualifiés diminuait de moitié (– 2,2 millions), poursuivant ainsi une décroissance commencée dès le milieu des années 1960.

Ces évolutions expliquent pourquoi, aujourd'hui, les taux de chômage des cadres (4,9 % en 2005) et des professions intermédiaires (5,5 %) sont approximativement deux fois inférieurs à ceux des employés (10,3 %) et des ouvriers (12,5 %) ; c'est aussi la raison pour laquelle plus des quatre cinquièmes des chômeurs appartiennent aux classes populaires, employés et ouvriers à parts à peu près égales.

Par ailleurs, du fait de cette restriction drastique de l'emploi industriel propre aux ouvriers spécialisée (OS), les débouchés habituels que ces postes offraient aux moins qualifiés se sont trouvés fort restreints. Les travailleurs immigrés et les 6 % de jeunes qui sortent du système éducatif sans diplôme ni véritable formation professionnelle, trop souvent leurs enfants, ont été les premiers touchés. Les couches non salariées en déclin, les agriculteurs principalement, l'ont été aussi. La fermeture des petites unités de production installées en milieu rural ou dans les bourgs – que l'on songe au textile des Vosges ou à la petite métallurgie dont Moulinex reste l'emblème en Basse-Normandie –, a peu à peu restreint la possibilité d'une seconde activité pour eux-mêmes comme d'un emploi salarié pour les conjointes. Or ces compléments sont pourtant nécessaires pour permettre de boucler le budget familial. Ceci a, au demeurant, rendu encore plus difficile la reconversion de leurs enfants.

Ségrégation à l'égard des « minorités visibles », « issues de l'immigration », désormais mises à l'écart, et paupérisation rampante du milieu rural trouvent là leurs ressorts premiers.

Une très profonde recomposition des couches populaires a suivi cette évolution. Rupture symbolique s'il en est, les employés sont dans ce laps de temps devenus plus nombreux que les ouvriers. Si la croissance ralentie des professions intermédiaires et des cadres est seulement le résultat d'une moindre création d'emplois – les métiers en déclin y sont quantité négligeable –, il en va bien différemment pour les couches populaires. Pour elles, la création nette est le résultat d'un bouleversement intense des métiers, qui peut aller jusqu'à la quasi-disparition de certains d'entre eux.

Ainsi, s'agissant des métiers ouvriers les plus touchés, et sans même parler de la mine qui a totalement disparu, ce sont 80 % des emplois non qualifiés du textile qui se sont évaporés en vingt ans. L'hémorragie est supérieure à 50 % pour ces mêmes métiers non qualifiés dans le gros œuvre du bâtiment, de la métallurgie ou de l'électricité !

Pour les ouvriers qualifiés, la chute a beau être moins spectaculaire car elle est presque compensée par des créations dans la maintenance et les industries dites de process[2], elle n'en est pas moins profonde : la quasi-totalité des secteurs ont connu de 10 % à 30 % de pertes.

---

2. Par industrie de process on entend les industries de transformation des matières premières par voie thermique, mélange ou réaction chimique. Concrètement, cela concerne l'agroalimentaire, la chimie et la parachimie ainsi que la métallurgie et la transformation des métaux. Les autres postes d'ouvriers qualifiés ayant connu une évolution positive sur cette période sont les cuisiniers (+ 89 000) et les conducteurs de véhicules (+ 50 000) ; comme on le voit, on s'éloigne ici assez fortement du modèle habituel de l'ouvrier d'usine.

L'évolution des métiers (en milliers), 1982-2002[3]

	Variation 1982-2002	Professions dont la variation est d'au moins +/- 100 000	Variations positives	Variations négatives	Taux de féminisation en 2002
Cadres	**+ 1 613** **– 62**	Informaticiens	269	–	20 %
		Administration, comptabilité et finance	240	–	43 %
		Enseignants	198	–	64 %
		Personnels études et recherche	160	–	20 %
		Commerciaux	142	–	25 %
		Formateurs, recruteurs	132	–	50 %
		Fonction publique	142	–	37 %
Professions intermédiaires	**+ 1 169** **– 69**	Action sociale, culturelle et sportive	268	–	65 %
		Représentants	213	–	40 %
		Infirmiers, sage-femmes	145	–	86,8 %
		Techniciens serv. compta. et financiers	128	–	–
		Maîtrise magasins			42 %
Employés	**+ 1 617** **– 208**	Assistantes maternelles	443	–	99 %
		Aide-soignants	186	–	91,2 %
		Employés adm. d'entreprise	163	–	76,1 %
		Vendeurs	–	143	59 %
		Agents d'entretien	155	–	74,2 %
		Fonction publique (cat. C)	99	–	72,2 %
Ouvriers qualifiés	**+ 404**	Industrie de process	123	–	23 %
	– 423	Maintenance	102	–	7,6 %
Ouvriers non qualifiés		Textile et cuir	–	242	73,5 %
	+ 90	Gros œuvre, bâtiment	–	218	1,2 %
	– 999	Industrie	–	178	
		Mécanique	–	114	22 %

3. D'après « Vingt ans de métiers, l'évolution des emplois de 1982 à 2002 », Premières synthèses, Direction de l'animation de la recherche, des études et des statistiques (Dares), ministère des Affaires sociales, du travail et de la solidarité, octobre 2004.

C'est l'univers ouvrier tout entier qui est ainsi remodelé : un monde ancien disparaît[4]. Michel Verret, dans son avant-propos à la réédition en 1996 de son ouvrage sur la culture ouvrière, exprime parfaitement ce dont il s'agit :

> Ce livre, écrit voici dix ans [...] ne serait-il déjà plus que le mémorial d'un objet défunt ? La question se pose, en effet, car la culture ouvrière [...] traverse aujourd'hui plus qu'une crise de visibilité, peut-être une crise d'existence... Invisibilisation, certes, et brutale. Par cette diminution de la masse visible qui fait perdre à la classe en vingt ans le quart de son nombre et ses grands noyaux de cristallisation (mines, sidérurgie, métallurgie). Par ce déplacement, aussi, de la visibilité vers tous flux fuyants... En haut, petit, [...] ce flux ascendant vers les techniciens... De côté, en masse cette fois, cette latéralisation du salariat d'exécution vers les employés... En bas, en masse encore, cette grande chute du bas de la classe vers le bas du bas : la pauvreté. [...] Et là [...], ce noyau stable des ouvriers qualifiés, à supposer que la précarisation ne l'ait pas déjà déstabilisé, savoir s'il a gardé son principe identitaire[5] ?

---

4. Une très importante littérature sociologique est consacrée à ce sujet d'un monde ouvrier désormais disparu et à la précarisation des couches populaires. Non sans injustice, on se limitera ici à ne proposer que quelques ouvrages au lecteur intéressé.
Tout d'abord, l'ouvrage déjà ancien de Olivier Schwartz, *Le Monde privé des ouvriers*, Paris, PUF, 1990, consacré au « fait social total » du monde de la mine dans le Nord-Pas-de-Calais : « Un monde de rapports, fortement fermé sur soi, s'est mis en place au cours du siècle précédent [...] Toute une société minière s'est ainsi mise en place [...] La récession charbonnière allait entraîner la fermeture des puits et la marginalisation économique d'une société qui avait régné sur les corps et les esprits depuis plusieurs générations... »
Ensuite, bien sûr, l'ouvrage dirigé par Pierre Bourdieu, *La Misère du monde*, Paris, Le Seuil, 1993.
De même, le livre, déjà devenu classique, de Beaud Stéphane et Pialoux Michel, *Retour sur la condition ouvrière* (Paris, Fayard, 2001), qui s'ouvre par cette interrogation : « Pourquoi écrire aujourd'hui sur les ouvriers ? Ne sont-ils pas les survivants d'un vieux monde industriel en voie de disparition ? N'a-t-on pas déjà tout dit sur la fin de la classe ouvrière ? » Par rapport au propos qui est le nôtre et à ce que l'on vise ici à évoquer, on soulignera plus particulièrement l'analyse fine qui est faite dans cet ouvrage du « blocage de la mobilité ouvrière » (chap. III) et de la « déstructuration du groupe ouvrier » (troisième partie). On y ajoutera le récent ouvrage de Beaud Stéphane (dir.), *La France invisible*, Paris, La Découverte, 2006.
Enfin, on ne peut évidemment passer sous silence l'œuvre de Michel Verret, tout entière consacrée au monde ouvrier et à sa culture.
5. Verret Michel, *La Culture ouvrière*, Paris, L'Harmattan, 1996.

Les dérives de l'archipel des employés

Parallèlement, l'« archipel des employés[6] », en progression quantitative, a été le siège de trois dérives, dont chacune l'a peu à peu rapproché du monde des ouvriers.

La première tient au fait que l'évolution de l'organisation du travail a fortement modifié des frontières, naguère relativement étanches, entre le travail ouvrier – supposé manuel et physique – et le travail des employés – réputé intellectuel. Comme l'écrit Alain Chenu :

> Les changements techniques ont travaillé en profondeur la signification de l'opposition entre emploi tertiaire et emploi industriel : la mécanisation du travail de bureau et des opérations commerciales a pu industrialiser le tertiaire et rapprocher les employés des ouvriers, l'informatisation de la production tertiariser l'industrie et rapprocher les ouvriers des employés[7].

La partition classique entre « cols blancs » et « cols bleus » n'est plus aussi pertinente, et l'opposition traditionnelle entre, d'un côté, la boutique et les bureaux et, de l'autre, l'atelier, ne peut plus aussi facilement fonctionner.

Le deuxième élément d'évolution tient au rapprochement des niveaux de salaire des employés et des ouvriers. La rémunération moyenne d'un employé était de 18 % supérieure à celle d'un ouvrier en 1970 et l'était encore de 12 % en 1982 ; celle d'une employée était de 35 % supérieure à celle d'une ouvrière en 1970 et l'était encore de 21 % en 1982. Depuis, cette différence s'est inversée pour les hommes (+ 4 % en faveur des ouvriers) et fortement réduite pour les femmes (+ 9 % en faveur des employées).

Ceci est sans nul doute le résultat de l'évolution conjointe de la qualification des emplois : l'hémorragie des postes d'ouvrier non qualifié et la forte progression des postes employés non qualifiés. Au cours du dernier quart de siècle, la structure même de l'archipel des employés et le poids relatif de ses différentes « îles » se sont en effet profondément

6. Titre de l'ouvrage, déjà ancien mais toujours utile, de CHENU ALAIN, *L'Archipel des employés*, Insee, Études, 1990.
7. CHENU ALAIN, *L'Archipel des employés*, *op. cit.*, p. 9.

modifiés : s'y est un peu effacée celle des employés administratifs d'entreprise (de 36 % des postes d'employés en 1982 à un peu moins de 25 % en 2004), s'y est maintenue celle des fonctionnaires (environ 36 %), et s'y est affirmée celle des employés de commerce (de 11 % à 16 %) et plus encore celle des personnels de service (de 16 % à 24 %).

Le troisième et dernier élément de dérive, enfin, tient au fait que les créations de postes d'employés ne se font pas terme à terme avec les emplois ouvriers perdus, leur interdisant une reconversion tangible.

Évolution de l'emploi des couches populaires par sexe (en milliers), 1973-2005 [8]

	Hommes	Femmes
Employés		
1973	1 470	3 083
2005	1 690	5 542
Évolution	+ 220	+ 2 459
Ouvriers		
1973	5 868	1 783
2005	4 890	1 082
Évolution	– 978	– 701
Total	**– 758**	**+ 1 758**

Alors, en effet, que les emplois ouvriers sont massivement masculins [9], les postes d'employés, étaient, sont et demeurent essentiellement féminins [10]. Aujourd'hui comme hier, trois employés sur quatre sont des employées ; et cela vaut *a fortiori* dans les domaines très fortement créateurs d'emplois de la sphère paradomestique ou des agents de service, dont le taux de féminisation dépasse les 90 %.

Si le monde des couches populaires gagne, au total, près d'un million d'emplois sur les trente dernières années, cette croissance d'ensemble est le résultat d'un très fort développement de l'emploi féminin – près de 1,8 million – et d'une forte perte nette pour les

8. Source Insee, Enquêtes emploi.
9. À l'exception, notable il est vrai, des emplois d'ouvriers non qualifiés du textile et du cuir.
10. Cf. Okba Mahrez et *al.*, « Les femmes et les métiers », *Données sociales*, Insee, mai 2006.

hommes : le petit million d'emplois ouvriers perdu n'est pas, et de loin, compensé par les 220 000 postes d'employés gagnés.

Or cette évolution a une conséquence sociale qui demeure inintelligible si l'on ne suit pas le conseil méthodologique donné par Alain Chenu : « Le développement du salariat féminin requiert de nouvelles lunettes statistiques. [...] Elles doivent permettre de repérer les situations croisées des conjoints » ; il faut, donc, « situer les employés dans leur milieu familial[11] ».

Rappelons que les compagnes des ouvriers sont le plus souvent des employées[12]. L'irruption et le développement massif du travail féminin par ce biais déstabilisent profondément un monde jusque-là marqué par une nette division des rôles entre les sexes, où l'homme régnait sur la sphère professionnelle. Seul *breadwinner* (« gagne-pain ») de la famille, il pourvoyait aux besoins matériels de tous. Cela lui assurait à la fois sa place, sa domination et son prestige dans la sphère domestique[13]. La dévalorisation corrélative de ces hommes, désormais sous la menace d'un risque permanent d'inactivité, en bouleverse pêle-mêle l'économie, la sociabilité, la culture et l'intimité. Comme le résume Michel Verret :

> Ce mouvement, c'est [...] le désenfermement massif des femmes vers le salariat de service, appelé par la tertiarisation générale de l'économie. Immense et brutale modification, moins de l'habitat que des habitants : le ménage ouvrier, « ouvrier » encore par le chef, de plus en plus employé par la femme et les filles. [...] L'ouvrier, de plus en plus dissocié de l'emploi par le chômage : en résidence forcée pour ainsi

11. Chenu Alain, *L'Archipel des employés*, *op. cit.*, p. 9.
12. Dans la génération 1950-1955, la moitié des ouvriers ont des employées pour compagne, alors qu'ils ne sont que 30 % à avoir des compagnes ouvrières. Quant aux employés, plus de 60 % d'entre eux vivent avec des femmes qui sont elles-mêmes des employées ; ils ne sont que moins de 15 % à avoir des ouvrières pour compagnes. La dernière publication de l'Insee sur ce sujet (Vanderschelden Mélanie, « Position sociale et choix du conjoint », *op. cit.*), qui concerne la situation en 1999, confirme ces chiffres.
13. Pour le lecteur qui souhaiterait en savoir plus, on conseillera la lecture du livre classique de Chombart de Lauwe Pierre, *La Vie quotidienne des familles ouvrières* (Paris, CNRS, 1956), qui constitue sans doute l'une des meilleures descriptions de ce que Michel Verret pourra, près de quarante années plus tard, appeler un « petit âge classique du bonheur de classe quotidien. »

dire. Comme ses fils en leur interminable entrée, si même ils entrent au travail. Et par ce double vide d'emploi, la suroccupation croissante des espaces résidentiels par les hommes, au moment même où les femmes les sous-occupent[14].

La société ébranlée

L'ascenseur social en panne : le déclassement des jeunes

Le monde populaire est en effet particulièrement marqué par l'« interminable entrée » de ses enfants, de ses fils en particulier, dans le monde du travail. La montée du chômage, socialement différenciée, a allongé les files d'attente devant l'emploi. Or, dans le même temps, le niveau de la formation n'a cessé de s'élever et avec lui celui des jeunes.

Cette réalité générale, qui devant l'abondance des candidats conduit à leur extrême sélection, a une double conséquence : le déclassement des jeunes et, par ricochet, l'éviction des salariés peu formés hors de l'emploi.

Que le niveau général de formation s'élève, quelques chiffres suffisent à l'illustrer : en un quart de siècle, l'âge moyen de fin d'études a progressé de trois ans. Ainsi, en 2001, 45 % des jeunes présents sur le marché du travail depuis moins de cinq ans possédaient un diplôme de l'enseignement supérieur, alors qu'ils n'étaient que 28 % dix ans auparavant[15].

Le « niveau monte », mais, les débouchés se faisant plus rares, le rang de diplôme et de formation requis pour accéder à un emploi donné s'est élevé plus vite encore. Il en résulte une surqualification générale au regard des normes jusqu'alors habituellement retenues,

---

14. Verret Michel, *L'Espace ouvrier*, Paris, L'Harmattan. La citation est, là encore, tirée de la préface à la réédition en 1995 d'un ouvrage initialement paru en 1979 ; on y peut mesurer tout à la fois la distance qui sépare ces deux moments comme la rapidité de cette transformation.
15. Giret Jean-François et *al.*, « Le déclassement des jeunes sur le marché du travail », *Données sociales*, Insee, mai 2006. Dans la même parution on trouve aussi un article de Durieu Stéphanie, « Les progrès de la scolarité des jeunes, de 1985 à 2003 ».

c'est-à-dire un déclassement, en termes d'emploi et de rémunération, de la personne concernée par rapport à ce qu'elle pouvait légitimement attendre de son investissement scolaire.

Ainsi a-t-on assisté à une « baisse spectaculaire de la proportion des jeunes (moins de 35 ans) les moins diplômés (titulaires, au plus, du brevet des collèges) parmi les jeunes ouvriers et employés de la fonction publique. [...] Leur part est passée [...], en vingt ans, de 49 % à 21 %. [...] Cette très forte baisse [s'est opérée] au profit des titulaires d'au moins le bac, dont la part a triplé, passant de 14 % à 44 %[16]. » De même, dans le secteur privé, cette même proportion est passée de 51 % à 27 %, au bénéfice principal des diplômés d'un niveau au moins égal au bac.

Les recrutements de la fonction publique illustrent clairement cette situation. Comme l'indique le rapport de l'Observatoire de l'emploi public :

> À l'Économie et aux Finances, sept contrôleurs des impôts sur dix et sept contrôleurs du Trésor sur dix sont titulaires d'une licence alors que le diplôme exigé pour ces concours est [...] le baccalauréat. [...] On observe la même surqualification pour les concours de catégorie C. La plupart sont ouverts sans condition de diplôme ; [...] pourtant, en 2003, 63 % des recrutés ont un diplôme supérieur à celui exigé et 10 % au moins une licence. [...] Au dernier recrutement d'adjoints administratifs du ministère de l'Économie, sept lauréats sur dix sont titulaires du baccalauréat et, parmi eux, 31 % ont une licence[17]...

Au total, on estime qu'aujourd'hui « de 20 % à 28 % des jeunes occupant un emploi peuvent être considérés comme déclassés[18] ».

Encore cette considération générale doit-elle être précisée. Si aucun diplôme ne protège plus du risque de dépréciation, certains

---

16. Fougère Denis et Pouget Julien, *La Diversité dans la fonction publique*, rapport de l'Observatoire de l'emploi public, Paris, La Documentation française, septembre 2005.
17. *Ibid.*, p. 67.
18. Giret Jean-François *et al.*, « Le déclassement des jeunes sur le marché du travail », *op. cit.*, p. 310.

conduisent à des déclassements plus fréquents. C'est le cas des bacs, de tous les bacs : professionnel, technique ou général. Désormais, pour tous ceux qui sortent du secondaire, « les rémunérations sont proches du Smic, quel que soit leur niveau de sortie » ; et l'Insee d'insister : « Le fait de posséder un bac n'induit pas d'avantage particulier par rapport aux autres jeunes sortis du secondaire. »

Que l'on entende bien : pas d'avantage particulier quand on est dans l'emploi. Car, pour les jeunes sortis sans diplôme, « protégés » de la dévaluation par leur absence de qualification et par le Smic, le premier risque est le chômage.

Le bac est aujourd'hui le sésame minimal pour accéder à l'emploi, mais un emploi qui signifie déclassement de masse – de l'ordre de quatre cas sur dix pour ce niveau de formation – au regard des représentations que chacun pouvait s'être forgées au vu de l'expérience de la génération des parents.

Situation en 2001 des jeunes sortis du système scolaire en 1998 (en %) [19]

	Taux de chômage	Taux de déclassement
Sans diplôme	17,4	–
Bac	7,7	42,3
Bac + 2	4,3	25,9
Bac + 5	4,2	14,6
Ensemble	10,1	21,4

Dans ces conditions, on ne s'étonnera pas que, à diplôme donné, l'importance et la fréquence du déclassement soient largement liées à l'origine sociale : « Les fils de cadres ont plus souvent un emploi dont la qualification et le salaire sont en adéquation avec

19. D'après Nauze-Fichet Emmanuelle et Tomasini Magda, « Parcours des jeunes à la sortie du système éducatif et déclassement salarial », *Données sociales*, Insee, mai 2006.

le diplôme. [...] À l'opposé, les fils d'ouvriers sont plus exposés au risque de déclassement[20]. »

La généralisation de l'enseignement secondaire, l'accession récente des enfants des couches populaires[21] à ces niveaux de formation, a transformé son niveau de sortie en standard minimum de qualification. Elle a ainsi rendu la possession du bac seul sans effet économique particulier pour ceux qui travaillent. Sur l'espace des générations récentes, depuis le début des années 1970, il est pour le moins douteux que les inégalités sociales d'accès au diplôme se soient réduites ; plus, même, « sur les seuls diplômés du bac, les inégalités d'obtention d'un diplôme de l'enseignement supérieur ont augmenté[22] ». C'est d'ailleurs pour cette raison qu'il est difficile d'adhérer à l'image souvent proposée d'une « inflation scolaire[23] ». On ne peut pas véritablement évoquer ici une dépréciation monétaire, qui impliquerait une dévalorisation générale et uniforme des diplômes, inexistante. Selon le niveau de qualification ou le groupe social, le déclassement n'est pas identique ; il est même, au contraire, très différencié.

L'image qui s'impose irrésistiblement ici est bien plutôt celle d'un ascenseur social en panne. Certains étages, les plus élevés, restent bien desservis ; d'autres, intermédiaires, les plus nombreux et les plus fréquentés, ne le sont plus. Pour les atteindre, il faut, en somme, sortir aux étages inférieurs, là où l'ascenseur s'arrête encore, et continuer en prenant l'escalier, si on en a le courage et la possibilité...

Rareté des emplois aidant, l'élévation générale du niveau de formation n'est plus alors que le moteur d'une involution où, de

---

20. Nauze-Fichet Emmanuelle et Tomasini Magda, *op. cit.*, p. 311.
21. On trouvera dans Beaud Stéphane, *80 % au bac... Et après ?* (Paris, La Découverte, 2003) une description et une analyse fines de cette réalité, telle qu'elle est vécue par certains de ces véritables « enfants de la démocratisation » : les jeunes « issus de milieux populaires, qui sont entrés par la petite porte au lycée et ont accédé, un peu par effraction, au monde des études supérieures ».
22. Selz Marion et Vallet Louis-André, « La démocratisation de l'enseignement et son paradoxe apparent », *op. cit.*
23. Comme le fait, par exemple, Duru-Bellat Marie dans *L'Inflation scolaire, op. cit.*

proche en proche, chacun se déclasse et pousse au déclassement de celui qui lui est immédiatement inférieur.

Au bout du bout de ce processus, aux niveaux donc les moins qualifiés, là, en quelque sorte, où finit l'emploi, il n'y a plus que l'éviction. Non simplement le chômage, mais ce « chômage de très longue durée », synonyme d'impossibilité quasi absolue de retrouver un poste.

La réalité du déclassement introduit en effet une nouvelle dimension à la concurrence entre salariés : entre ceux qui travaillent déjà et ceux qui ne le font pas encore, c'est-à-dire les jeunes. La perte de son emploi devient dès lors pour un salarié plus âgé à son tour synonyme d'une difficulté accrue à en trouver un correspondant à celui que l'on a perdu. Comment pourrait-il en être autrement, puisque de plus jeunes et mieux formés se trouvent dans la file d'attente des chômeurs ? Et ce risque-là est, bien sûr, particulièrement fort pour les postes désormais occupés par de jeunes hommes bacheliers : les emplois ouvriers.

Paris recrute ses éboueurs sur concours[24]

« Il faut maintenant être fort en thème pour devenir éboueur », s'amuse Amadou Togola, quarante ans, diplômé en sciences politiques et en droit récemment recruté par les services de la propreté de la ville de Paris [...] Devant l'afflux des candidats, la Mairie de Paris a dû mettre en place une sélection. Sur les 4 000 prétendants qui se pressent chaque année, 300 seulement sont retenus. « Il faut savoir ce qu'est une impasse, faire des calculs, écrire une rédaction sur le métier d'éboueur : le concours n'est plus donné », précise Amadou. Et de conclure : « Les éboueurs maliens, c'est fini. »
On compte maintenant 15 % de bacheliers parmi les 6 900 éboueurs de la ville de Paris et 60 % de niveau BEP ou CAP.

Le déclassement risque ainsi d'être à la fois d'autant plus fréquent et important que l'âge du chômeur est élevé. C'est d'ailleurs là qu'il faut chercher l'une des raisons du double phénomène d'une

24. D'après *Le Figaro*, 28 septembre 2006.

durée de chômage proportionnelle à l'âge du chômeur et d'un taux de chômage inversement proportionnel : chacun, connaissant le risque encouru, essaie de se maintenir dans son emploi, éventuellement au prix de conditions de travail ou de rémunération dégradées.

La vitrification des « quartiers »

Mais au bout de tout cela, dans les emplois non qualifiés, là où les places ont été divisées par plus de deux au cours des trente dernières années, quelle concurrence assumer et pour aller où ? Or ces places sont – étaient – pour une grande part occupées par des travailleurs immigrés :

> Si l'on rassemble les catégories professionnelles non qualifiées d'employé et d'ouvrier, 40 % des immigrés actifs se trouvent dans cette catégorie, mais seulement 26 % de l'ensemble des actifs. Plus de la moitié des femmes immigrées appartiennent à ce groupe contre une sur trois pour l'ensemble des femmes actives[25].

Plus généralement, les trois quarts des travailleurs immigrés sont ouvriers ou employés. On ne saurait par conséquent s'étonner de ce que, du seul fait de la structure de leur emploi, leur chômage soit plus fréquent et sa durée plus forte que celle des nationaux. Les seuls immigrés d'origine africaine – y compris maghrébine – connaissaient des taux de chômage de l'ordre de 30 % pour les hommes et de 40 à 45 % pour les femmes selon les nationalités en 1999 : trois fois plus que pour l'ensemble de la population.

La concentration sur cette population de telles difficultés, où faiblesse des rémunérations, précarité des emplois, présence massive du temps partiel et omniprésence du risque de chômage se conjuguent, a produit les effets que l'on pouvait redouter.

---

25. Borrel Catherine et Boëldieu Julien, « De plus en plus de femmes immigrées sur le marché du travail », *Insee Première*, mai 2000 ; Mikol Fanny et Tavan Chloé, « La mobilité professionnelle des ouvriers et employés immigrés », *Données sociales*, Insee, mai 2006.

Quelque trente ans après que ces difficultés ont commencé à apparaître, on croit généralement pouvoir subsumer de tels effets en les identifiant à ceux des « quartiers difficiles » des « cités », les zones urbaines sensibles du vocabulaire administratif. Plutôt que leur détermination sociale, on privilégie donc leur fixation sur le territoire et ses manifestations qui, pour ne pas être les moins réelles, sont d'abord les plus visibles : zones de « non droit », émeutes épisodiques mais récurrentes, délinquance, petite ou grande, violences faites aux femmes...

Pourtant, à la parcourir à partir de ses intitulés, la littérature sur ces sujets ne manque pas de faire connaître la construction sociale de ces problèmes, du moins si l'on veut bien les mettre bout à bout : processus de « relégation » de la fin des années 1970, dans des quartiers devenus « d'exil » au cours des années 1980, et désormais assimilés à des « ghettos » ; même si, aux yeux de certains, cet enfermement constitue aussi la « force des quartiers »[26]. Se dessinent ainsi les contours d'un long processus d'éloignement, puis de mise à l'écart.

Cette ghettoïsation donne à voir l'action conjuguée de trois facteurs principaux.

Le premier est l'éviction de l'emploi qui vient d'être analysée. Au bout du bout du déclassement et de la disparition des postes non qualifiés, sans retour aisément possible dans d'autres postes, le chômage est endémique, massif et durable ; un aller sans retour. Même s'ils n'en ont pas été les seules victimes, les immigrés, hommes âgés et chefs de famille, ont été les plus touchés.

Le deuxième est la convergence des forces de la reproduction sociale. Nous avons pu voir combien sont généralement à l'œuvre les facteurs d'immobilisation et à quel point, dans la période récente, les forces de rappel vers le bas ont pu jouer. Nous avons vu aussi combien la classe ouvrière a été déstabilisée par l'évolution des rôles

26. Ces divers intitulés sont tirés des ouvrages déjà cités en introduction ; on y a ici ajouté celui de KOKOREFF MICHEL, *La Force des quartiers*, Paris, Payot, 2003.

entre les sexes, rendue indispensable tout à la fois par une volonté générale d'émancipation et la nécessité économique du travail féminin. Il n'est guère besoin de souligner combien, dans un monde ouvrier non qualifié et *a fortiori* par rapport aux univers culturels d'origine des immigrés, ces facteurs ont été puissants et à quel point cela a pu conduire à déstructurer profondément les comportements.

Tous les travaux sur les « jeunes des cités » témoignent à l'envi de la banalité de situations que l'on pourrait dire exemplaires de la condition dans les « quartiers » : pères au chômage de très longue durée, absents de la vie familiale, voire rentrés au pays ; mères, souvent femmes de ménage ou de service, aux horaires impossibles ; enfants laissés à eux-mêmes par la force des choses et gérés tant bien que mal, plutôt qu'éduqués, par la fratrie ; omniprésence, enfin, du « groupe de pairs » générationnel. Telles sont les conditions dans lesquelles se construit la personnalité.

Sans doute l'institution scolaire offre-t-elle alors l'espoir de s'en sortir. Mais l'extrême difficulté d'y parvenir, là même où il y a un éventuel succès scolaire[27], ne fait que renforcer le sentiment majoritaire que cela ne sert sans doute à rien. Au final, des jeunes hommes qui « tiennent les murs » de la cité et qui, faute de mieux[28], vivent d'expédients ; des jeunes filles contraintes de vivre en s'efforçant d'échapper à l'alternative « pute ou soumise »...

Troisième facteur : l'inscription territoriale. À ne considérer, comme on le fait généralement, que l'éloignement de l'exil, puis l'enfermement du ghetto, on oublie purement et simplement l'étape initiale, le point d'origine sans lequel rien n'aurait pu commencer, ni aboutir ; celui sans lequel, d'ailleurs, rien de tout

27. On pense, par exemple, à ce jeune Younès Amrani, dont le dialogue avec Stéphane Beaud a abouti à un livre magnifique, *Pays de malheur !* (Paris, La Découverte, 2004). Engagé dans des études d'histoire, il a arrêté en deuxième année de licence, et au moment de ce dialogue était en emploi jeune.

28. Le taux de chômage des jeunes dans les zones urbaines sensibles était de 38 % en 1999 ; il s'y élevait à 40 % chez les jeunes Français par acquisition de la nationalité, et à 48,4 % pour les jeunes étrangers non européens. Sur ces points, voir *Ségrégation urbaine et intégration sociale*, rapport du conseil d'analyse économique n° 45, Paris, La Documentation française, 2004, p. 280.

cela ne serait véritablement intelligible : celle des travailleurs immigrés appelés dans le début des années 1960 à venir travailler comme OS ou manœuvre et qui se logeaient dans les bidonvilles de l'immédiate périphérie[29] des grandes villes, Paris en particulier. La politique de « résorption de l'habitat insalubre » de l'époque a alors conduit à la construction à la hâte des grands ensembles, entre-temps réhabilités, dans lesquels sont constituées les cités d'aujourd'hui.

À l'origine, cette politique n'était d'ailleurs pas spécifiquement destinée aux populations immigrées, mais le jeu des critères en vigueur en matière d'attribution des logements sociaux – revenu, taille des familles, ancienneté de la demande – « compte tenu de ce que furent les regroupements spontanés et précaires dus aux conditions de non-accueil, entraîn(èr)ent des concentrations de familles étrangères[30] ». Tous les facteurs de l'évolution vers la ghettoïsation étaient dès lors réunis : à une concentration excessive de familles en situation précaire[31] répondit le départ progressif de celles, moins défavorisées, qui jusqu'alors cohabitaient avec elles. Aujourd'hui, au moment où les familles des couches populaires qui parvenaient encore à s'y maintenir sont peu à peu expulsées de leurs anciens quartiers des centres-villes, cette « décohabitation » devient à son

29. Cf., par exemple, HERVIOU MONIQUE, *Chroniques du bidonville. Nanterre en guerre d'Algérie*, Paris, Le Seuil, 2001.

30. TRIPIER MARYSE, *L'Immigration dans la classe ouvrière en France*, Paris, L'Harmattan, 1990, p. 276.

31. C'est au début des années 1970 qu'apparaît, à partir d'une étude sur la cité des Canibouts à Nanterre, la notion de « seuil de tolérance » (Cf. TRIPIER MARYSE, « L'Immigration dans la classe ouvrière en France », *op. cit.*, p. 277). Dix années après, la question apparaît suffisamment importante pour devoir faire l'objet d'une politique publique d'ensemble : le « développement social des quartiers », d'une tout autre ampleur que celle, dite « Habitat et vie sociale », qui lui préexistait. La commission alors réunie (en 1985) s'inquiétait dans son rapport que « sous-formés, sous-qualifiés, les habitants des grands ensembles sont les premiers visés quand un licenciement est annoncé [...] Le taux de chômage avoisine parfois les 30 % de la population active, sans parler des jeunes dont plus de la moitié ne trouve pas d'emploi à la sortie de l'école... 40 % des familles immigrées, 20 % des familles françaises habitent en HLM... » (cité par WILLMOTT PETER, *La Paupérisation du logement social*, Paris, L'Harmattan, 1990, p. 97).

tour de moins en moins accessible et les relations n'en sont que plus difficiles.

Des bidonvilles initiaux aux grands ensembles HLM « chemins de grue », et aux « quartiers » d'aujourd'hui, il n'y a donc pas eu de déplacement véritable : il était d'origine. Les cités se sont, en fait, constituées sur place. L'éloignement n'a pas été géographique mais social. L'antagonisme, allégué et si présent dans les récits de vie, entre le « quartier » et la ville n'est qu'apparent : il n'y a de « cités » que là où la Cité commune s'est retirée. À proprement parler, il s'agit moins d'un éloignement que d'un délaissement.

Et puis, il y a le temps, sans lequel rien de tout cela n'aurait été possible. Où les générations se sont succédé ; les immigrés d'origine sont devenus des « Français d'origine étrangère » avant, nouvel avatar, de se transformer en « minorités visibles ».

Pour les populations résidentes de ces « quartiers », les forces contraignantes sont *a priori* de nature générale. Rien qui leur soit spécifique n'est jusque-là véritablement en jeu. La particularité est ailleurs, et elle est triple.

D'abord, dans l'ampleur de cette pesanteur, qui est liée à la position économique d'origine : celle de l'immigré OS/manœuvre. Ensuite, dans sa durée – deux et bientôt trois générations –, due à l'immobilisation sociale propre à cette position économique. Dans cette situation, aux limites extrêmes du système de la reproduction, où tout durablement se fige, l'immobilité finit par s'inscrire dans des traits culturels spécifiques, notamment un langage et une apparence vestimentaire. Enfin, dans le fait que cette situation peut fréquemment se superposer à des traits – physiques ou non – assimilés à une origine ethnique. En réactualisant ainsi sans cesse cette origine plutôt que ce que l'on est devenu, elle interdit de reconnaître ce que l'on est. Dans une telle impasse, ne subsiste alors plus qu'une alternative : s'assimiler pour sortir de sa condition, mais c'est renier d'où l'on vient ; rester et se confiner dans le communautarisme du ghetto, mais c'est oublier ce pourquoi l'on y est. L'une comme l'autre de ces attitudes relève du déni ; l'une comme l'autre interdit de se constituer une identité propre, véritablement respectueuse de son histoire personnelle et familiale.

Alors, parce que le confinement est la situation des plus fragiles, au jeu de miroir du racisme ambiant, cette immobilité s'achève en discrimination : les places auxquelles ils pouvaient hier accéder n'existent plus et celles auxquelles ils postulent aujourd'hui leur sont refusées[32]. Quant à l'enfermement territorial, il devient à son tour ségrégation. Comme le fait remarquer l'Observatoire national des zones urbaines sensibles, « la forte mobilité résidentielle a transformé le peuplement des ZUS en accentuant le poids des personnes professionnellement les plus fragiles[33] ».

La durée et le poids des forces contraignantes qui sont en jeu dans ce processus figeant durablement les situations et immobilisant les personnes, comme les ressorts les plus intimes de l'identité qui y sont activés en font un phénomène de nature quasi chimique ; l'image d'une vitrification s'impose naturellement.

En près d'un demi-siècle, la figure de l'immigré venu occuper les emplois réputés délaissés par les Français – balayeur, éboueur, manœuvre du bâtiment, OS de l'industrie – et s'abritant dans un habitat insalubre, s'est muée en celle du jeune (chômeur/« sauvageon ») des « quartiers ». Le diptyque initial, habitat incertain/emploi assuré mais stigmatisant, s'est inversé en cet autre : logement assuré mais stigmatisant/emploi incertain.

Dans ce temps qui passe d'une génération à l'autre sans que rien ait véritablement changé ni qu'aucun avenir acceptable se soit dessiné, s'installe une forme de désespoir. Comme le dit Younès Amrani, coauteur avec le sociologue Stéphane Beaud de *Pays de*

32. Le rapport 2005 de la Haute autorité de lutte contre les discriminations et pour l'égalité (Halde) témoigne que l'emploi est de très loin le premier domaine de la discrimination : 45,3 % des saisines de la Halde lui étaient liées.

33. Observatoire national des zones urbaines sensibles, Délégation interministérielle à la Ville, rapport 2005, p. 11. Ce même rapport précise en outre : « Les moins diplômés et les enfants d'ouvriers sont ceux qui restent le plus souvent habiter chez leurs parents et, lorsqu'ils déménagent, ils sont plus nombreux à aménager en ZUS. Les enfants d'immigrés, quel que soit leur niveau de diplôme ou leur origine sociale, restent plus souvent que les autres habiter en ZUS ».

malheur, « c'est vrai que j'ai déconné dans ma jeunesse, que je voulais être quelqu'un... Mais après toutes ces années, les illusions sont devenues mirages. Et les mirages se sont évaporés dans toute cette misère sociale, affective et familiale[34] »...

Les « nouveaux » salariés

Dans cette recomposition en cours des couches populaires, dans cet ébranlement de la société – qui va d'ailleurs au-delà d'elles seules[35] –, se lit bien autre chose qu'un simple durcissement des conditions économiques et une détérioration corrélative de la situation sociale : notre société est en crise. S'il en va ainsi, c'est qu'une profonde transformation est à l'œuvre, celle des formes de la subordination économique qui constitue le salariat. Elle nous fait passer d'un capitalisme à un autre. Nous assistons au retour des couches populaires à la condition prolétarienne.

Dépendance économique et subordination juridique, les transformations du lien salarial

La vision, aujourd'hui prédominante, d'une société « salariale », homogène car presque exclusivement composée de salariés, vivant tous de leur salaire, fruit de leur travail, et simplement divisée en strates ou différenciée par des inégalités, est un mythe agréable. Mais, on l'a vu, il n'a jamais reposé que sur peu de réalité. Ni aujourd'hui ni hier le salariat ne se réduit à un type de revenu, et pas même au fait de relever des dispositifs de protection communs tels que le Code du travail ou les conventions collectives... À trop vouloir considérer la construction institutionnelle, on en oublie le double rapport qui l'a fondée : la dépendance économique et la subordination juridique. L'employeur décide, le salarié exécute le travail qui lui est demandé ;

---

34. Amrani Younès et Beaud Stéphane, *Pays de malheur !*, *op. cit.*, p. 126.

35. Il touche en effet tout aussi bien les classes moyennes ; on en trouvera une excellente analyse dans le récent ouvrage de Chauvel Louis, *Les Classes moyennes à la dérive*, Paris, Le Seuil, coll. « La république des idées », 2006.

il perçoit pour cela un revenu dont il tire les moyens de son existence. Telle est l'essence du lien salarial ; il est d'abord économique, et ne s'est fixé juridiquement que par la suite.

Le critère formel de la perception d'un salaire y est somme toute subsidiaire. C'est d'ailleurs parce que leurs mises en tutelle sont d'un autre ordre qu'il faut reconnaître que des lignes de fracture fondamentales existent au sein du corps social, entre ceux qui décident, ceux qui encadrent et veillent à la mise en œuvre de ces décisions et ceux, enfin, qui les exécutent.

Jamais, depuis qu'elle existe, la relation salariale n'a pu être totalement identifiée à la seule subordination juridique, et encore moins au fait de percevoir un salaire. Si, pendant les Trente Glorieuses, cela a pu paraître le cas, il n'en va plus du tout ainsi aujourd'hui.

En effet, les formes mêmes de cette subordination sont désormais en pleine transformation. La précarisation des emplois, les délocalisations, le repli des entreprises sur les seules activités de leur cœur de métier et la sous-traitance des tâches ainsi évacuées[36], la montée de pseudo-indépendants dans certaines professions[37], tout comme la déconcentration des unités de production corrélative d'un mouvement de centralisation du pouvoir de décision dans les groupes[38], tous ces éléments constituent autant de mouvements bien actuels, qui témoignent en abondance de cette évolution.

---

36. Entretien, gardiennage, restauration, mais aussi immobilier, flotte de véhicules, comptabilité...

37. On pense bien sûr au BTP et à la sous-traitance en cascade qui sévit de manière endémique sur ses chantiers, mais aussi au transport routier de marchandises et à ses routiers indépendants, ou encore aux commerces de détail franchisés et à leurs gérants. Tous ces secteurs ont en commun de s'appuyer sur de pseudo-indépendants, qui sont en réalité en situation de dépendance économique et donc « prolétarisés » sans être pour autant en subordination juridique. Sur ce sujet, voir Dares, « La subordination dans le travail », *Cahiers travail et emploi*, Paris, La Documentation française, décembre 2003.

38. Un rapport du Plan explique ainsi que, dans les entreprises de 200 à 500 salariés, dont le nombre s'est considérablement accru au cours des vingt dernières années, près des trois quarts des emplois sont désormais localisés dans des firmes dépendant d'un groupe. « Emploi et marché du travail », *Regards prospectifs sur l'État stratège* n° 2, Commissariat général du Plan, décembre 2004.

Qu'est-ce que le salariat ?

Si les économistes, et quelques autres avec eux, se plaisent apparemment à croire que la définition du travail salarié est aisée et que le critère du revenu, le salaire, est à cet égard suffisant, ils se trompent ; les juristes le savent bien. Parce qu'il est dans la réalité difficile de toujours distinguer facilement entre ce qui relève du salariat et du travail indépendant, le législateur n'en a pas donné de définition. C'est ainsi aux juges et à la jurisprudence qu'il échut de définir, sinon les frontières, du moins les critères permettant de les différencier.
La première décision à faire jurisprudence fut celle de la Cour de cassation en date du 22 février 1909, à propos des chauffeurs de taxi. Elle mit en avant le seul critère de subordination.
Par la suite, il fallut bien préciser ce critère qui, seul, est insuffisant pour pouvoir juger tous les cas. C'est une décision de l'assemblée plénière de la Cour du 13 novembre 1996 qui donne l'essentiel de l'état actuel de la jurisprudence.
Trois critères hiérarchisés sont fixés :
a) la *relation de travail* : existe-t-il ou non un rapport d'autorité/obéissance, un lien de subordination ? ;
b) le *service organisé* : la relation de travail s'inscrit-elle dans une structure organisée qui lui préexistait ? ;
c) enfin, le *mode de rémunération*, troisième et dernier critère, qui n'a qu'un caractère subsidiaire et non déterminant.

Il n'y a plus guère aujourd'hui que des sites, des projets, des chantiers, voire des bassins d'emploi au sein desquels coexistent de multiples entités spécialisées. C'est une réalité générale et désormais banale que, sur un même centre industriel, les tâches annexes (de sécurité, de nettoyage, de restauration...) à l'activité principale soient confiées à des entreprises extérieures ; et nombre des fonctions du cœur de métier lui-même sont affectées à des travailleurs temporaires, dépendants d'une agence d'intérim. Formellement autonome, chacune de ces entités voit ses propres salariés relever d'un droit collectif qui lui est particulier. Face à cet éclatement et à cet éparpillement des groupes de travail, face à cette dilution, les lieux et les formes de la négociation traditionnelle ne sont plus guère adaptés. De même, il est banal que sur un même chantier ou pour un même projet, les différentes missions soient sous-traitées en cascade, et qu'au bout de cette chaîne se trouvent des travailleurs qui, pour être des indépendants échappant au Code du travail, ont plus à voir avec des tâcherons ou des journaliers qu'avec de véritables artisans ; cette réalité-là va d'ailleurs maintenant bien au-delà de son secteur d'élection initial, le bâtiment. Comme l'écrit le juriste Alain Supiot, auteur en 1994 d'une analyse devenue classique :

> Le contrat de travail, bien qu'il ait servi à réintroduire les droits de la personne dans la prestation de son travail, a véhiculé à son tour une conception purement abstraite et quantitative du travail qui semble aujourd'hui dépassée par l'histoire [...] La subordination par laquelle on avait partout défini le travail salarié n'a cessé de se diluer [...], il a englobé des activités dont l'exercice requiert une certaine liberté dans le travail, et les formes mêmes d'organisation du travail, les progrès techniques conduisent à concéder une part croissante d'initiative et de responsabilité dans l'accomplissement d'un grand nombre de tâches[39].

En s'étendant à toutes les activités et en se diffusant dans l'ensemble de la société, la subordination salariale s'est dissoute. Devant cette évidence, une étude du Plan reprend, après Alain Supiot, la notion de « parasubordination » pour désigner le phénomène :

> Le nombre des travailleurs en état de dépendance économique est en forte augmentation [...] Se pose la question des moyens de la protection des travailleurs qui, n'entrant pas dans le champ du Code du travail en l'absence d'un état de subordination juridique, ont néanmoins une relation contractuelle déséquilibrée avec le donneur d'ordre en raison d'un état de dépendance économique[40].

Il y est même ajouté que « cette question devient d'autant plus pertinente que, tandis que l'autonomie s'installe dans le salariat, le contrat d'entreprise est de plus en plus empreint de subordination[41] ».

---

39. Supiot Alain, *Critique du droit du travail*, Paris, PUF, mai 1994, p. 259-260.
40. Rapport du Commissariat général du Plan précité, p. 167.
41. *Ibid.*

On ne saurait mieux dire : lorsque la subordination juridique se dilue, la dépendance économique s'affirme. Ainsi, lorsque, à la suite des difficultés rencontrées dans la production de l'Airbus A 380, l'avionneur met en place un plan de restructuration à l'automne 2006, ce plan touche directement les personnels extérieurs à l'entreprise – il est prévu de supprimer 37 000 emplois intérimaires ou contractuels – et les sous-traitants – dont le nombre passera de 3 000 à 500. Mais c'est aussi toute l'organisation économique de l'entreprise elle-même qui est revue. À en croire Henri Coupron, le directeur des achats d'Airbus, il ne s'agit pas, en effet, de supprimer purement et simplement 2 500 sous-traitants : « Nous passerons d'une structure en râteau, où nous parlions à 3 000 interlocuteurs, à un environnement de 500 à 1 000 fournisseurs directs, les autres devenant sous-traitants des fournisseurs principaux[42]. » Ainsi le « râteau » devient-il réseau.

Airbus : les fournisseurs en première ligne[43]

Le plan d'économies de 5 milliards d'euros annoncé par Airbus laisse craindre le pire pour l'ensemble des 560 sous-traitants de la Région Midi-Pyrénées et leurs 58 000 salariés ; Airbus, pour sa part, emploie 57 000 personnes, dont 21 400 en France.

« L'État, les collectivités locales et la communauté financière se mobilisent pour identifier et aider les entreprises qui auraient des difficultés », a déclaré François Junca, président départemental du Medef et par ailleurs président du conseil de surveillance de Latécoère. Ce gros fournisseur d'Airbus qui fabrique les tronçons de fuselage et portes des avions, a admis anticiper une perte de 10 % de son chiffre d'affaires en 2007 et confirmé le maintien du gel des embauches. [...] Le président de la Région craint un mouvement de délocalisation chez les sous-traitants pour faire diminuer leurs coûts de fabrication [...] « Nos effectifs ont baissé de 100 personnes depuis août et nous sous-traitons déjà au Maroc et en Roumanie, constate un salarié du bureau d'études A Systems spécialisé dans l'électricité et l'hydraulique. Ce sont les sous-traitants qui doivent assumer le risque de parité euro/dollar, quitte à devoir délocaliser leur production en zone dollar. »

42. « Airbus réduit drastiquement ses sous-traitants », *Le Monde*, 7 novembre 2006.
43. D'après *Libération* du 6 octobre et *Le Journal du dimanche* du 8 octobre 2006.

Dans ce mouvement, les salariés voient leur situation profondément transformée. Hier, ils étaient les opérateurs de l'entreprise, qui assumait elle-même l'ensemble des tâches, y compris connexes, grâce au travail de ses propres employés, placés sous sa tutelle juridique directe. Demain, à l'extrémité de la chaîne, ils pourront être en contrat à durée déterminée (CDD) chez un sous-traitant de second ou de troisième rang, lui-même étroitement dépendant sur le plan économique du donneur d'ordre qui le précède. Cet émiettement des responsabilités affaiblit bien sûr la relation protectrice que procure le contrat de travail : les entreprises sont plus petites, plus fragiles, les salaires plus faibles, la protection sociale plus médiocre... Hier, les entreprises représentaient des collectifs de travail interprofessionnels. Quelle que fût leur fonction, les droits de ces salariés étaient alors identiques, uniformisés par les conventions collectives de branche.

Demain, les relations de travail, dans leur ensemble, ressembleront de plus en plus à des relations de prestation et de louage de services, relevant du Code civil bien plus que du Code du travail. Comment s'étonner que celui-ci soit désormais ouvertement sur la sellette ?

Feu le Code du travail ?

Dans un entretien radiophonique dont *Le Monde* a rendu compte[44], Ernest-Antoine Seillière, alors « patron des patrons », affirmait à propos de l'assouplissement des 35 heures : « On pourra convenir dans l'entreprise par accord entre l'employeur et le salarié de travailler plus. Nous serons dans un autre monde. »

Ces propos, aussi provocateurs se soient-ils voulus, illustrent parfaitement l'horizon des évolutions en cours. Dans cet « autre monde », il n'y a plus ni ordre public social ni droit collectif ; il n'y a plus que des individus qui contractent entre eux. C'est là prendre totalement à contre-pied une tendance historique qui, depuis la loi

44. *Le Monde* du 25 janvier 2005.

de 1898 sur les accidents du travail, a construit un ordre juridique spécifique, affranchi de l'ordre des contrats propre au Code civil qui a fondé les relations de travail pendant tout le XIXe siècle[45].

Il y a certes loin de la coupe aux lèvres... Il n'en demeure pas moins que, depuis 2002, le Code du travail fait l'objet d'une ardeur réformatrice sans précédent.

Les manifestations de l'hiver 2006, qui ont conduit au retrait du contrat première embauche (CPE), sont encore dans tous les esprits ; cette « modernisation » de la législation du travail n'était toutefois que la dernière en date – elle-même succédant à cette autre novation de l'été 2005, le contrat nouvelle embauche (CNE) – de nombreuses refontes du Code du travail. L'instillation de ces réformes n'avait pas, jusqu'alors, suscité une émotion suffisante pour véritablement permettre de leur faire pièce, même si leur accélération dans la torpeur de l'été 2005 – pas moins de six lois, six ordonnances et quinze décrets d'application entre le 24 juillet et le 2 août ! – n'alla pas sans susciter quelque émoi chez les juristes du travail[46]. Pourtant, entre l'été 2002 et l'été 2005, ce sont pas moins de trente-quatre textes qui se sont succédé dans ce domaine !

Ces modifications sont pour certaines importantes et connues ; ainsi de l'ensemble des mesures visant à l'« assouplissement des 35 heures ». Mais d'autres, sans avoir rencontré un grand écho, sont également lourdes de conséquences, quand elles ne renversent pas totalement l'ordre juridique spécifique qu'instituait le Code du travail. Ainsi en va-t-il de la possibilité désormais ouverte par la nouvelle rédaction, particulièrement tortueuse, du nouvel article L. 132-13[47] de ce code :

---

45. Cf. SUPIOT ALAIN, *Critique du droit du travail, op. cit.* ; LE GOFF JACQUES, *Du silence à la parole. Société-État : 1830-1989*, Paris, Calligrammes, 1985 ; LE GOFF JACQUES, *Droit du travail et société*, Rennes, Presses universitaires de Rennes, 2001.
46. DOCKES EMMANUEL, « Le stroboscope législatif », *Droit social*, septembre-octobre 2005.
47. Depuis que la loi du 4 mai 2004 est venue, entre autres, le modifier.

> Une convention de branche ou un accord d'entreprise ne peut comporter de dispositions moins favorables aux salariés que celles qui leur sont applicables en vertu d'une convention ou d'un accord couvrant un champ territorial ou professionnel plus large, qu'à la condition que les signataires aient expressément stipulé qu'il ne pourrait y être dérogé...

Dans cette nouvelle rédaction, il faut lire rien moins que la fin de la hiérarchie des normes selon laquelle la loi représentait une base de droits minimale, à laquelle les différents niveaux contractuels – accord national interprofessionnel, convention collective de branche, accord d'entreprise – ne pouvaient qu'ajouter des droits supplémentaires ; cette hiérarchie des normes est désormais en quelque sorte inversée, puisque la dérogation est devenue le droit commun, sauf stipulation explicitement contraire.

Les multiples restrictions, réformes, évolutions et autres simplifications apportées au droit du travail au cours des dernières années vont ainsi bien au-delà de la critique libérale habituelle et de sa mise en acte. Plus que la traditionnelle condamnation des « contraintes » que représenteraient les droits collectifs, c'est le contenu même du contrat de travail que l'on remet en cause. De cela, le CNE comme le CPE ne sont que des prémisses.

La feuille de route de cette contestation est d'ailleurs aujourd'hui bien définie ; il suffit pour s'en convaincre de lire les différents rapports qui ont récemment concerné le sujet. Tous vont dans le même sens :

– rapport de Virville : mise en place d'un « contrat de mission » qui « répondrait à l'organisation de l'entreprise autour de projets à l'horizon de quelques mois ou de quelques années[48] » ;

– rapport Camdessus : « fusion du CDI et du CDD en un contrat unique dans lequel les droits relatifs à la protection de l'emploi et à l'indemnisation se renforceraient progressivement[49] » ;

---

48. *Pour un Code du travail efficace*, rapport au ministre du Travail du groupe de travail présidé par Michel de Virville, Paris, La Documentation française, 15 juin 2004.
49. *Le Sursaut, vers une nouvelle croissance*, rapport du groupe de travail présidé par Michel Camdessus, Paris, La Documentation française, 2004.

– rapport Cahuc-Kramarz : proposition, comme le rapport précédent, d'une fusion entre le CDI et le CDD[50].

Jusqu'à présent, cette distinction entre CDD et travail temporaire, d'un côté, contrat à durée indéterminée (CDI) de l'autre, valait opposition. Les mots utilisés, « travail précaire » ou « formes atypiques d'emploi », et ceux de temps plein (ou complet) et temps partiel, témoignaient de ce que la forme d'emploi dominante et socialement jugée normale demeurait le CDI à temps complet. Les autres types, tous les autres, avaient valeur d'exception. Cette pudeur-là est désormais abolie.

On aurait tort, au demeurant, de ne voir dans tout cela qu'un mouvement négatif de « casse » de ce que le mouvement social avait réussi à imposer au long de son histoire. Ce démantèlement est aussi gros d'un avènement : celui d'un ordre salarial nouveau, typique d'un nouveau capitalisme.

Mondialisation, globalisation financière et fin de la « condition salariale »

Immergées dans la mondialisation, les entreprises ne peuvent plus se satisfaire des règles établies qui organisaient jusqu'alors la gestion de la force de travail. Celles-ci présentent, en effet, un immense désagrément à leurs yeux : être les instruments de ce qu'elles considèrent désormais comme un détournement. En définissant des droits, elles ouvrent symétriquement des obligations. Si elles institutionnalisent juridiquement la privation de l'indépendance des travailleurs, en limitant ses effets pratiques sur leurs personnes, elles sont aussi les vecteurs d'une perte mutuelle d'autonomie. Ainsi, « le lien réciproque établi entre travail et salaire n'a cessé de se relâcher[51] ». Des droits sont ouverts au salarié (formation professionnelle, indemnisation du chômage, retraite, assurance maladie...) qui excèdent le temps de ses obligations – celui d'un travail immédiat – à l'égard de son employeur.

---

50. *De la précarité à la mobilité, vers une sécurité sociale professionnelle*, Paris, La Documentation française, 2004.
51. SUPIOT ALAIN, *Critiques du droit du travail*, *op. cit.*, p. 260.

Le mouvement actuel vise à rendre aux entreprises cette liberté perdue – c'est la recherche de la flexibilité –, tout en s'efforçant d'imposer aux salariés une autonomie éminemment contrôlée – c'est l'institution de nouvelles formes de gestion de la main-d'œuvre.

Dans le couple dépendance économique/subordination juridique qui forme la relation spécifique à la « condition salariale » des Trente Glorieuses chère à Robert Castel, la seconde est, en somme, devenue trop contraignante. Ce mouvement peut ainsi se croire de libération. Il est très directement lié à trois grandes transformations de l'économie.

La première est un mouvement tendanciel de concentration : l'emploi efficace s'adosse désormais à un capital très important. La mondialisation en est le principal effet : compte tenu du volume des capitaux qu'il faut mobiliser et du niveau de productivité atteint, il n'y a plus guère qu'au niveau supranational que les investissements peuvent espérer trouver les débouchés suffisants à leur rentabilisation. Les grandes entreprises, de fleurons nationaux qu'elles sont initialement, deviennent d'abord des firmes multinationales, avant de s'efforcer de nouer les alliances nécessaires pour pouvoir figurer parmi les quelques grands « champions » mondiaux qui subsistent dans chaque secteur.

La deuxième est le changement de régime que provoque l'ouverture de nos économies au commerce international. Largement focalisées sur leurs débouchés extérieurs, les entreprises n'ont plus, dans leur ensemble[52], autant intérêt qu'auparavant à se préoccuper du marché national. Leur mode de régulation se transforme du tout au tout en fonction de leur propre ouverture. Il ne s'agit plus de gérer un compromis entre coûts salariaux et débouchés intérieurs autour d'une norme, la productivité, sur l'évolution de laquelle les salaires seraient indexés, mais de se soumettre à l'impératif de

52. Il faudrait ici, en fait, distinguer les entreprises des secteurs abrités de la concurrence internationale (BTP, commerce et distribution, santé et services aux personnes...) de celles qui sont exposées. Les économies extraverties sont en effet devenues « duales », les deux secteurs n'ayant pas les mêmes intérêts.

compression des coûts pour pouvoir gagner des parts de marché à l'export. La dernière étape est franchie lorsque les entreprises du secteur abrité de la concurrence internationale se soumettent elles-mêmes à la nouvelle norme salariale ; fleurissent alors les compagnies « *low cost* », les enseignes « discount », comme les chaînes de restauration rapide... Lorsqu'il progresse, le pouvoir d'achat des couches populaires le fait alors en bonne partie grâce à des baisses de prix des biens de consommation, elles-mêmes le plus souvent liées à des délocalisations.

Enfin, la troisième et dernière ligne directrice de cette grande transformation est la globalisation financière. L'effondrement, au début des années 1970, du système monétaire et financier international de parité fixe défini en 1945 à Bretton Woods, qui faisait du dollar la monnaie de référence, a ouvert une ère nouvelle. La suspension de sa convertibilité en or en 1971 en a sonné le glas. Et les résistances à une libéralisation totale des mouvements de capitaux sont peu à peu tombées. « Combinées à la révolution des communications, les politiques de déréglementation ont renforcé en retour le processus de globalisation financière – autrement dit, l'émergence d'un réseau financier global, fonctionnant en continu sur la quasi-totalité des fuseaux horaires[53]. » Avec la parfaite mobilité du capital financier, vient aussi sa parfaite volatilité. Recherche de la rentabilité la plus élevée, privilège donné au court terme, tout concourt à rendre autonome la sphère financière et à lui donner le pas sur l'économie réelle.

Concentration du capital, mondialisation, globalisation financière, ces trois sœurs siamoises ne sont pas loin de faire système. Pour accomplir la rupture avec le régime qui leur est antérieur – keynésien, fordien et taylorien –, où la « condition salariale » s'est épanouie et en instaurer un nouveau, leur manque seulement un mode d'organisation du travail adéquat. Ce n'est pas sans tâtonnements qu'il s'installa.

53. ADDA JACQUES, *La Mondialisation de l'économie, genèse*, Paris, La Découverte, 1996, p. 94.

Ford, Toyota, Volvo, Wal-Mart : les métamorphoses du capitalisme

C'est au début des années 1970 que les entreprises commencent à rechercher une organisation plus « frugale », la *lean production*[54]. Il s'agit de réduire au maximum les coûts, à travers un processus qui, se voulant à « zéro stock » à tous les stades de la production, ne produit donc à « flux tendu » que « juste à temps ».

Dans leur principe, les modalités d'organisation y sont en quelque sorte inversées par rapport à celles qui servaient jusqu'alors de référence, consistant à :

1. produire de façon continue sur une chaîne de production, au rythme linéaire de laquelle sont assujettis les salariés (taylorisme) ;

2. chercher à vendre en s'efforçant de susciter une demande de masse par des salaires en adéquation avec le niveau de productivité (fordisme) ;

3. s'accommoder tant bien que mal des éventuels à-coups de la conjoncture en confiant aux pouvoirs publics le soin de la réguler (keynésianisme).

Désormais, il s'agit, au contraire, de « piloter par l'aval », soit de ne produire que ce qui a été préalablement vendu ou dont l'écoulement est quasi certain, en ajustant la production en temps réel. Il était, dans ces conditions, inévitable qu'une question analogue soit posée à propos du coût que représente pour l'entreprise la main-d'œuvre qu'elle mobilise. La logique de la production en flux est grosse d'une véritable révolution organisationnelle, économique et sociale, dont nous subissons aujourd'hui pleinement les effets.

La logique de la « production frugale » aboutit d'abord à la recherche d'un ajustement constant de la main-d'œuvre utilisée aux besoins d'une fabrication variable, puisque s'efforçant en permanence de s'adapter à l'évolution de la demande ; c'est ce qu'il est convenu d'appeler la flexibilité.

---

54. « Production frugale ». Cette expression, attribuée à WOMACK JAMES P. et *al.*, dans *The Machine that Changed the World* (Toronto, Macmillan, 1990) est une théorisation tardive d'une réalité qui s'est mise en place progressivement dès le courant des années 1970 chez Toyota.

De cette conception, Toyota, l'une des premières entreprises à l'avoir mise en œuvre et théorisée, a longtemps fait figure de modèle ; aussi parle-t-on volontiers de « toyotisme » à ce propos[55]. La firme automobile a mis en place cette organisation dans les conditions propres au Japon des années 1970, où l'emploi à vie était encore une réalité majeure. Sa quête de flexibilité a donc pris la forme d'une dualisation : à un noyau stable de salariés, présents en permanence dans l'atelier, vient, en tant que de besoin, s'ajouter une main-d'œuvre employée de façon temporaire et précaire. Dans le même temps, une partie de la production est transférée chez des sous-traitants ; à charge pour eux de s'adapter, et d'adapter leurs effectifs et leurs horaires de travail, aux à-coups des commandes...

Le donneur d'ordre initial, d'industriel producteur, se transforme ainsi peu ou prou en assembleur d'éléments fabriqués ailleurs. Par ricochet, l'organisation des entreprises en réseaux diffuse dans le tissu économique une flexibilité d'autant plus porteuse de précarité que les salariés sont loin du donneur d'ordre, chez des sous-traitants dont la liberté est réduite, puisque ce marché leur est le plus souvent indispensable. En recourant à de la main-d'œuvre extérieure (intérim) ou temporaire (CDD), comme en externalisant une partie des tâches, les commanditaires ne font pas que limiter leurs investissements et leurs coûts ; ils s'affranchissent aussi d'obligations sociales qu'ils ne conservent que pour le noyau central de leurs propres salariés, lui-même en voie de réduction.

Cette logique bute toutefois sur une difficulté. Produire à partir d'un « pilotage par l'aval », c'est devoir être à même d'adapter rapidement les produits aux attentes pressenties des consommateurs ; il est ainsi nécessaire de raccourcir de manière drastique le délai entre la conception et la commercialisation. Parce que la durée de vie des produits diminue alors, tandis que le capital nécessaire pour les fabriquer s'élève, cela exige de mettre en place des lignes de production

55. Cf. en particulier OHNO TAIICHI, *Toyota Production System : Beyond Large-Scale Production*, Cambridge, Productivity Press, 1988.

elles-mêmes flexibles, simultanément utilisables pour plusieurs produits et aisément reconvertibles sur de futures productions. Les robots programmables sont donc omniprésents. Enfin, plus prosaïquement, produire à « zéro stock », « flux tendu » et « zéro défaut », c'est aussi se mettre à la merci du moindre incident, panne, grève ou négligence des salariés.

Pour ces raisons diverses mais convergentes, « la limite de ces techniques est qu'elles butent sur un problème majeur : en même temps qu'elles abolissent l'efficacité de la seule prescription des tâches, elles exigent des formes totalement renouvelées de l'engagement des salariés dans des fabrications. Leur implication est ainsi la condition permissive du succès des nouvelles organisations[56] ».

Du Charlot des *Temps modernes* à la critique des dégâts du *Travail en miettes*[57], l'incapacité du taylorisme et de l'« organisation scientifique du travail » à susciter une adhésion et une implication des salariés est analysée depuis longtemps déjà. Mais ces critiques humanistes[58] ne trouvaient jusqu'alors guère d'écho dans les milieux économiques. Le passage au pilotage par l'aval et à la production frugale les confortera, débouchant sur un nouveau modèle.

Élargissement des tâches, polyvalence, responsabilité, raccourcissement des lignes hiérarchiques deviennent les maîtres mots. À l'émiettement du travail et à la soumission au rythme de la chaîne succédaient ainsi une recomposition[59] des tâches et une organisation en équipes autonomes autour d'un projet, assemblant en station

---

56. Taddei Dominique et Coriat Benjamin, *Made in France. L'industrie française dans la compétition mondiale*, Paris, Livre de Poche, 1993, p. 171. C'est ce que note aussi James P. Womack : « Avec la production frugale, la simple exécution des opérations la tête baissée et l'esprit ailleurs mène droit au désastre... » (*The Machine that Changed the World, op. cit.*, p. 103).
57. Friedmann Georges, *Le Travail en miettes, op. cit.*
58. Ainsi entre autres pour la France du rapport Delamotte, *Recherches en vue d'une organisation plus humaine du travail industriel*, Paris, La Documentation française, 1972.
59. Commissariat général du Plan, *L'Usine du futur*, Paris, La Documentation française, 1990 ; Coriat Benjamin, *Penser à l'envers, travail et organisation dans l'entreprise japonaise*, Paris, Christian Bourgois, 1991.

fixe sur des lignes de montage parallèles. D'une logique à l'autre, le contraste était grand !

Ce modèle dit « de dialogue[60] » trouva son apogée dans la construction d'usines « aux principes alternatifs », un temps emblématiques du système suédois, incarné en l'occurrence par Volvo avec les usines de Kalmar (1974) et plus encore d'Uddevalla (1989). La première a fermé en 1994, la seconde en 1993[61].

C'est qu'entre-temps, dans l'inévitable dialectique qui s'est nouée entre la recherche des coûts les plus bas à travers la flexibilité et un modèle organisationnel plus efficient et respectueux des salariés, la première a fini par l'emporter. Dans la hiérarchie des préoccupations, l'organisation en réseaux des entreprises à partir d'un donneur d'ordre central a eu raison de l'organisation de l'usine en groupes autonomes, car elle permet de déporter ailleurs l'essentiel des risques et des coûts, comme de s'exonérer au maximum de ses responsabilités éventuelles.

Au terme de cette évolution, même si la page de l'utopie « néoartisanale » d'Uddevalla est aujourd'hui tournée, il n'en demeure pas moins que le taylorisme fait figure de stade définitivement révolu de l'histoire des grandes entreprises. Un nouveau mode d'organisation, permis par l'utilisation massive des nouvelles technologies dans la production (machines à commandes numériques, robots programmables, organisation en îlots...) s'est installé, moins rigide et prescriptif que le précédent, autorisant une plus grande autonomie professionnelle. De cette mutation témoignent tant la transformation de l'ancien « service du personnel » en moderne direction des ressources humaines que le passage à partir du milieu des années 1970[62] des classifications « Parodi-Croizat » aux « critères classants ».

---

60. Clark Kim B. et Fujimoto Takahiro, *Product Development Performance*, Boston, Harvard Business School Press, 1991.

61. On trouvera dans Durand Jean-Pierre (dir.), *La Fin du modèle suédois* (Paris, Syros, 1994) une analyse détaillée de ces expériences.

62. La première convention collective qui utilisa les « critères classants » plutôt que les « Parodi-Croizat » est celle négociée dans la branche de la métallurgie en 1975.

Il est en effet significatif que les typologies utilisées par les conventions collectives pour fixer les coefficients hiérarchiques servant de base au calcul des salaires aient alors connu cette transformation radicale. Dans les premières – nommées « Parodi-Croizat » d'après les deux ministres communistes du Travail qui les utilisèrent pendant la période de fixation administrative des salaires qui alla de la Libération à 1950, mais qui existaient depuis les années 1930 –, les cadres, les techniciens et agents de maîtrise, et les employés étaient distingués des ouvriers, eux-mêmes divisés en différentes catégories : manœuvre, ouvrier spécialisé, ouvrier qualifié. Dans les conventions dites à critères classants, apparues en 1975, les coefficients sont liés à la combinaison de plusieurs éléments : niveau de formation, responsabilité, autonomie... La catégorie des ouvriers y disparaît au profit de celle d'opérateur. La « personne qui exécute un travail manuel » devient celle qui « exécute des opérations techniques, fait fonctionner un appareil ». Ce changement de vocabulaire traduit bien une réalité : l'affirmation du caractère physique du travail s'estompe ; au profit de celle de la valorisation de la maîtrise intellectuelle d'un processus, où la machine est venue se substituer à l'homme.

Si la recherche de la flexibilité a fini par l'emporter sur d'autres considérations, c'est grâce à la possibilité de faire produire à des coûts défiant toute concurrence dans des pays à bas, et maintenant à très bas salaires. D'externalisations en délocalisations, le processus industriel finit par se vider de son contenu et de ses emplois dans les grandes entreprises mondialisées. La sous-traitance, naguère simplement liée à un savoir-faire particulier du fournisseur ou à sa capacité d'éponger les à-coups de la conjoncture, a désormais pris une ampleur et une place nouvelles. L'exemple du plan de restructuration qu'Airbus vient de définir à l'automne 2006 l'illustre clairement.

Aujourd'hui, les donneurs d'ordre sont des entreprises qui « conçoivent les produits et les font fabriquer par un tiers, quel que soit le lieu de fabrication, soit en lui fournissant les matières premières, soit en lui imposant des techniques faisant l'objet de brevets, des procédés, des formules ou des plans, dessins ou modèles dont elles ont la jouissance ou l'exclusivité, soit en lui faisant apposer des griffes, ou des marques dont elles ont la jouissance ou l'exclusivité ». Tout, ou presque, est dit dans cet extrait du texte d'un décret destiné à définir l'assiette d'une taxe frappant les donneurs d'ordre dans un secteur professionnel particulier : ce qui importe désormais, c'est de maîtriser la distribution du produit vendu et le processus de sa définition, si possible brevetable ou à tout le moins exclusif, non sa production. Ainsi, le « pilotage par l'aval » a-t-il fini par mettre, vraiment, l'aval au pouvoir.

Aussi, alors que les modèles précédents étaient incarnés par de grands constructeurs automobiles – Ford, Toyota, Volvo –, des industriels donc, le modèle aujourd'hui dominant peut à bon droit emprunter le nom d'une chaîne de grande distribution, la plus grande de toutes, et être qualifié de *wal-martisme*[63].

Avec son chiffre d'affaires huit fois plus élevé que celui de Microsoft, avec ses 1,8 million de salariés qui en font le plus grand employeur au monde, ses 6 000 à 10 000 fournisseurs et quelque 65 000 sous-traitants répartis sur l'ensemble de la planète, la chaîne d'hypermarchés Wal-Mart est, sans conteste, emblématique d'une évolution poussée jusqu'au bout de sa logique grâce à la mondialisation. Du toyotisme, elle a repris le mode d'organisation et les pratiques intégratives du personnel, mais elle a remis en cause les conditions de travail relativement protectrices du noyau central de salariés, qui subit lui-même le sort jusqu'alors réservé à la main-d'œuvre des sous-traitants[64] : la flexibilité, les bas salaires et l'absence de couverture sociale.

63. J'emprunte cette dénomination à Basso Pietro, *Temps modernes, horaires antiques*, Lausanne, Éditions Page deux, 2005.

64. Wal-Mart est implantée dans le monde entier et est connue pour son refus absolu et constant de tolérer la moindre présence syndicale chez ses employés. Partout, sauf en Chine, où elle vient d'en accepter la présence car elle « réduira le risque de revendication [...] [et servira] essentiellement à mettre un couvercle sur les revendications » (« Wal-Mart noyauté de son plein gré en Chine », *Libération*, 28 août 2006).

Wal-Mart, un symptôme américain[65]

Sam Walton, le fondateur de Wal-Mart, est sans doute moins célèbre que Mac et Dick Mc Donald, les inventeurs du Mc Do. Mais, comme les frères Mc Do, Walton est de ces visionnaires qui ont bouleversé le mode de vie des Américains pour le meilleur et pour le pire. Alors qu'approche le scrutin du 7 novembre, c'est du pire qu'il est de nouveau question. Des élus démocrates reprochent au géant de la distribution, dont les 4 000 magasins accueillent chaque semaine 127 millions d'Américains, de casser les salaires comme il casse les prix et de violer allègrement le droit du travail. [...] À force d'importer de Chine des montagnes de tee-shirts et de fours à micro-ondes, d'asphyxier le petit commerce et de tirer les coûts vers le bas, la modeste entreprise fondée en 1962 [...] n'a-t-elle pas déréglé *l'American way of life* ? [...]
« Mister Sam » [...] était un génie, aux méthodes innovantes et implacables : une logistique réglée comme une horloge suisse ; un suivi à la minute près des achats [...] un réassort immédiat et une idée fixe : « Every day low prices » [« des prix bas tous les jours »]. Ces Wal-Mart *Supercenters* en forme de boîte à chaussures, ouverts 24 heures sur 24 font aujourd'hui partie du paysage américain. Le groupe emploie 1,8 million de salariés dans le monde dont 1,3 aux États-Unis, qu'il appelle ses « associés ». Son chiffre d'affaires, tous pays confondus, est de 312,4 milliards de dollars, soit le PIB de la Norvège. L'entreprise a beau dégager 11,2 milliards de bénéfices annuels, ses employés gagnent en moyenne 20 000 dollars par an (1 310 euros par mois). À peine de quoi faire vivre une famille de quatre personnes. Le revenu de nombre d'entre eux est plus faible encore, 30 % des effectifs de Wal-Mart sont des emplois à temps partiel ; pour un objectif à terme, non avoué officiellement, de 40 % [...] Le *turnover* est rapide chez Wal-Mart, qui part du constat que le coût d'un « associé » ayant sept ans d'ancienneté est « presque de 55 % supérieur » à celui d'un salarié entré l'année précédente [...] Mal payés, sujets à de fréquents changements d'horaires, la moitié seulement des salariés de Wal-Mart bénéficient d'une couverture santé maison. [...] Le social n'est pas le fort de Wal-Mart. On ne compte plus les procédures judiciaires engagées aux États-Unis contre le groupe pour avoir obligé ses « associés » à faire des heures supplémentaires non payées, pour avoir employé des immigrés en situation irrégulière et pour discrimination sexuelle. Qui est embauché chez Wal-Mart est aussitôt informé qu'aucune activité syndicale n'y est tolérée [...]
Auteur dans les années 1980 du fameux slogan « *Buy American* », la firme doit aujourd'hui sa fortune au « *made in China* ». Chaque année elle importe de là-bas pour 18 milliards de dollars de produits manufacturés. Ce chiffre atteint les 20 ou même les 30 milliards si l'on prend en compte ce qu'elle achète à ses fournisseurs américains qui, eux aussi, font fabriquer en Chine, des perceuses Black & Decker aux poupées Barbie. Lorsqu'on sait que le déficit américain à l'égard de Pékin est de 154 milliards de dollars, cela signifie que Wal-Mart y contribue pour près de 20 %. Ce dumping n'a pas que des inconvénients. Une étude [...] montre que sur la période 1995-2004, le groupe a freiné les salaires de 2,2 % aux États-Unis et les prix de 3,1 %. Mais cette contribution à la lutte contre l'inflation a un coût humain. Wal-Mart pèse si lourd qu'il contraint nombre d'entreprises américaines à s'aligner sur ses pratiques sociales et commerciales sous peine de n'être plus compétitives. »

65. Extraits du *Monde* du 28 octobre 2006.

Contrairement à son prédécesseur, le capitalisme keynéso-fordien, le capitalisme wal-martisé n'éprouve plus le besoin de fidéliser sa main-d'œuvre ou de réguler ses débouchés à travers un compromis salarial assurant une progression du pouvoir d'achat en phase avec celle de la productivité.

Économiquement mondialisé et ayant débordé ses bases nationales, il veut mettre en concurrence les salariés de toute la planète. Financièrement globalisé, il peut désormais le faire grâce à l'opposition de la quasi parfaite mobilité du capital et de l'immobilité relative des travailleurs. Ainsi, la production proprement dite déserte peu à peu les économies des vieux pays industriels pour se délocaliser vers les nouveaux ateliers du monde que sont les pays à très bas salaires. Une nouvelle spécialisation du travail se dessine : les entreprises mondialisées, têtes de réseau, inventent, assemblent et vendent ; les entreprises périphériques produisent. Dans un premier temps, cette spécialisation recouvre une division géographique : seule la production se délocalise dans les pays à bas salaires. Dans une seconde étape, désormais entamée, ce sont les autres phases du processus qui sont elles-mêmes déportées : le Koléos, futur 4×4 de Renault n'a-t-il pas été en grande partie conçu par un bureau d'études coréen ?

Des 4×4 au parfum d'Asie[66]

Renault et PSA ont longtemps hésité à s'engager dans le lancement des 4×4. Ils viennent de le décider et pour cela sont allés faire leurs courses en Asie. PSA a conclu un accord avec Mitsubishi et, indirectement avec Daimler-Chrysler. Il porte sur la fourniture annuelle de 30 000 voitures dérivées de l'Outlander, avec une calandre différente du modèle commercialisé au Japon. Sur le plan industriel, l'Outlander servant de base aux futures Citroën C7 et Peugeot 4007 a été élaboré à partir de la plateforme C, à partir de laquelle se fabriquent les produits des marques américaines du groupe Daimler-Chrysler en Europe : les Chrysler Sebring, Dodge Avenger, Jeep Compass et

66. D'après *Le Figaro* du 6 octobre 2006.

Patriot ; elles partagent donc cette « *world platform* » avec le Mitsubishi Outlander et les futurs 4×4 de Citroën et Peugeot.

La gestation du Koléos de Renault comporte moins de ramifications. Il a été dessiné par les designers de l'entreprise en collaboration avec le centre de design de Renault Samsung Motors en Corée ; fabriquée dans l'usine de Pusan, sa base roulante a été développée dans le cadre de l'alliance Renault-Nissan et devrait également servir à l'élaboration du prochain X Trail de Nissan.

Si l'entreprise de ce nouveau capitalisme espère s'assurer un avantage, c'est à travers la recherche d'une innovation permanente et des coûts de production réduits au minimum par la sous-traitance et la délocalisation, mais aussi par la précarisation de ses propres employés. Les consommateurs peuvent croire y gagner, les salariés y sont à tout coup durablement perdants.

La condition précaire n'est plus une réponse à des problèmes conjoncturels, mais un mode général de gestion de la main-d'œuvre.

Retour à la condition prolétarienne

Ainsi le modèle de ce nouveau capitalisme se caractérise-t-il tout à la fois par une externalisation des productions, une internalisation de la précarité et une autonomie relative des salariés. Intervenant dans un tel contexte, cet affranchissement modifie profondément le paysage des relations de travail. Aussi faut-il prendre toute la mesure de ce que cette condition précaire signifie comme de ce qu'elle implique.

En se substituant à l'assujettissement au rythme de la chaîne sous la surveillance disciplinaire des contremaîtres et des chefs d'équipe, elle ouvre des espaces nouveaux. Que ce modèle puisse produire, en guise de représentations, tant la névrose d'implication effrénée des *« workalcoholics »* que le fantasme de l'individu autonome, du salarié « nomade » maître absolu de son destin en dit long : ces images ne reposent que sur quelques bribes d'une réalité dont elles permettent ainsi de s'évader, car sa signification est tout autre. Cette liberté recouvrée n'est, en effet, qu'instrumentale et conditionnelle ; il s'agit que les salariés s'investissent totalement dans leur travail et s'y immergent, non qu'ils s'en libèrent. Le lien juridique de subordination peut bien se relâcher au profit d'une relative liberté, la relation de dépendance économique, elle, s'affermit.

Cette autonomie est une servitude volontaire, consentie parce que placée sous l'ombre omniprésente de la précarité des conditions. En cela, sa construction amène à réactiver des mécanismes anciens, ceux de l'ancienne condition prolétarienne.

Ainsi, avec la perte progressive des sécurités qui la constituaient, la « condition salariale » s'efface. Le salarié, devenu comme chez Wal-Mart un « associé », redevient l'individu « libre » qu'il était au XIXe siècle.

L'utopie patronale qui semble s'installer depuis peu – des entreprises sans usines et des usines sans ouvriers – dit combien le retour d'un capitalisme financier ressuscite le vieux modèle du XVIIIe siècle : celui que l'*Encyclopédie* appelait la *manufacture dispersée* mais qui, ailleurs, s'imposait au même moment sous les noms de *« domestic system »* ou de *« verlagsystem »*. Dans ce modèle, alors généralisé mais particulièrement développé dans l'industrie textile alors dominante, des « marchands fabricants » géraient la commercialisation de produits qu'ils commandaient, après en avoir défini la nature, à des artisans indépendants, travaillant à domicile, auxquels ils avaient au préalable fait l'avance d'une matière première trop onéreuse. Eux aussi étaient libres de toute subordination formelle ; eux aussi, déjà, étaient économiquement dépendants du donneur d'ordre.

Ce réveil nous rappelle à propos combien la construction du salariat/prolétariat moderne se trouve bien moins, comme le voudrait Robert Castel, dans un « salariat [qui] a bien existé d'abord à l'état de fragments dans la société préindustrielle[67] » que dans un monde artisanal qui, tout en demeurant juridiquement indépendant et maître de son autonomie opératoire, a été peu à peu économiquement assujetti. Un assujetissement d'abord obtenu très tôt par

67. Castel Robert, *Les Métamorphoses de la question sociale, op. cit.*, p. 325.

les divers artifices qui permirent de barrer la route de la maîtrise aux compagnons, qui demeuraient ainsi confinés dans leur position d'exécutants, jusqu'à devenir, au milieu du XVIIIe siècle, ces « serfs du compagnonnage » décrits par Turgot. La mise en sujétion, enfin, à laquelle les canuts furent contraints beaucoup plus tard par la violence pure. Les révoltes d'alors, celle de 1831 comme de 1834, furent bien celles d'artisans libres, souvent propriétaires de leur métier, mais soumis aux tarifs de misère payés par les fabricants.

Elle nous rappelle, surtout, que le salariat tel que nous le connaissons ne s'est construit que très tardivement et que la forme de subordination qu'il représente n'est donc pas inhérente au capitalisme, mais seulement concomitante à l'un de ses moments. C'est en effet seulement vers la toute fin du XIXe siècle que les premières institutions qui le caractérisent furent inventées, parallèlement à l'édification de la grande industrie. Quelques dates suffisent à en fixer le moment dans notre pays : la loi sur les accidents du travail date de 1898, la publication en français des écrits de Taylor date de 1907 et de 1912[68], la première jurisprudence sur le contrat de travail de 1909, la loi sur les retraites « ouvrières et paysannes » de 1910 ; il fallut attendre 1919, et, plus encore, 1936, pour que les conventions collectives trouvent toute leur place et, enfin, 1945 pour que soit créée la Sécurité sociale.

Jusque-là, le modèle ancien avait longtemps perduré, bien au-delà de ce que les historiens appellent la proto-industrialisation. À Rouen, vers la fin des années 1830, « une partie [des tisserands] travaille chez eux ; une autre dans des ateliers où ils louent la place de leur métier [...] ; un petit nombre sont dans des ateliers de maîtres [...][69] ». Il persiste, d'ailleurs, jusqu'à coexister un temps, non

68. Les œuvres de Taylor comprennent essentiellement deux textes, le premier, *Shop Management*, publié en 1902 aux États-Unis et traduit en 1907 en français sous le titre de *Direction des ateliers* ; le second, *Principles of Scientific Management*, publié en 1911 et traduit en français dès 1912 sous le titre *L'organisation scientifique des usines*.
69. NOIRET CHARLES, *Mémoires d'un ouvrier rouennais*, Rouen, François libraire, 1836, p. 30.

seulement avec[70] mais aussi dans l'intimité même de la grande industrie. Il vaut ici de citer longuement ce qu'écrit à ce propos Yves Lequin, historien de la formation de la classe ouvrière[71] :

> Le développement industriel [...], donc l'essor du salariat, ne s'inscrit pas sur une crise, en tout cas pas sur un changement brutal de l'environnement [...] D'une part, il se fait par un bourgeonnement à peu près général de la manufacture dispersée [...] Par ailleurs, les industriels régionaux n'ignorent pas la machine et la grande usine [...] Mais elles ne doivent pas faire illusion. Très souvent, la grande usine enferme derrière un extérieur de modernité une organisation parfaitement traditionnelle du travail. Le « prix fait » avec marchandage et enchères entre les équipes est de règle [...] On pourrait multiplier les exemples qui font de l'usine, non pas l'organisme articulé du XXe siècle mais un simple agrégat de métiers individuels, où le travail quotidien peut conserver les apparences d'un artisanat. Dans les grandes entreprises, pas plus que dans les ateliers du « *domestic system* », ce semblant de liberté n'adoucit la condition ouvrière [...] Mais il assortit de mille nuances le passage au salariat[72].

Dans les conditions et les réalités du XXIe siècle, c'est le retour à ces formes originelles de la dépendance sans subordination qui se cherche aujourd'hui : retrouver les « apparences d'un artisanat », voilà ce dont il s'agit. C'est d'ailleurs ce qu'indiquait très clairement, il y a maintenant plus de dix ans, le rapport Boissonnat :

> Le lien de subordination s'affaiblit ou devient moins visible [...] Les frontières juridiques qui cernaient l'objet du contrat de travail [...] sont également brouillées [...] En effet, l'exigence d'implication de la personne [...] entraîne l'imprécision des contours élargis de l'objet du contrat de travail. Aujourd'hui, nombreux sont les salariés et notamment les cadres, qui travaillent selon une obligation de résultat, ce qui n'est finalement pas très

---

70. TERRIER DIDIER, *Les Deux Âges de la proto-industrie, 1730-1880*, Paris, EHESS, 1996.
71. LEQUIN YVES, *Les Ouvriers de la région lyonnaise*, Lyon, Presses universitaires de Lyon, 1977.
72. LEQUIN YVES, « La formation du prolétariat industriel dans la région lyonnaise au XIXe siècle », in MARGAIRAZ MICHEL (dir.), *Histoire économique. XVIIIe-XXe siècle*, Paris, Larousse, 1998, p. 271-272. Il ajoute cette précision : « Voilà qui contribue à brouiller singulièrement les cartes dans la question fondamentale de la dépossession des moyens de production... »

éloigné du travail indépendant [...] Enfin, [...] le temps de travail [...] tend à devenir diffus et éclaté [...][73].

Ce rapport débouchait sur la proposition d'un « contrat d'activité » venant se substituer à tous ceux existants ; celle d'un « contrat de mission », mise en avant par le rapport De Virville, la prolonge aujourd'hui en ligne directe.

Entre hier et aujourd'hui, les modalités de la reproduction sociale n'ont, on l'a vu, guère varié. Pourtant, en se durcissant, en accentuant des traits structurels déjà présents pendant les Trente Glorieuses, la période actuelle en constitue, en quelque sorte, une caricature. Cela explique, sans doute, le constat aujourd'hui étonné de certains, qui ne peuvent y reconnaître le visage d'une société qu'ils avaient voulu croire apaisée par les bienveillances de l'État providence.

Cette période aura ainsi été celle de la montée des insécurités économiques dans les couches populaires. Elle en a entraîné la recomposition, aujourd'hui encore inachevée. Elle est aussi à l'origine de la perte d'une sociabilité ouvrière forgée au fil de l'histoire de la société industrielle et de ses luttes, aujourd'hui à jamais perdue. Ainsi la « classe ouvrière » disparaît-elle, sans qu'une identité collective nouvelle ait été forgée qui pourrait la remplacer. Dans ce vide, faute de repères collectifs propres, les couches populaires sont aujourd'hui anomiques.

De ce mouvement qui a ébranlé la société, les classes moyennes n'ont pas non plus été exemptées ; les remarquables travaux de Louis Chauvel[74] analysent précisément la dérive de cette catégorie « anxieuse », pour reprendre ses mots.

Il s'en faut, en revanche, de beaucoup que l'élite salariale ait été elle aussi profondément touchée par ces évolutions, qui ne l'ont

73. *Le Travail dans vingt ans*, rapport de la commission présidée par Jean Boissonnat, Paris, Odile Jacob, 1995, p. 89-90.
74. Chauvel Louis, *Les Classes moyennes à la dérive*, *op. cit.*, p. 14.

que médiocrement concernée. Forte de la tertiarisation qui l'a portée, elle parvient à maintenir la position de ses enfants d'autant moins difficilement qu'elle sait construire des stratégies scolaires, dont les filières d'excellence des grandes écoles ou les filières longues de l'université sont désormais le siège. Stratégies que les autres couches sociales ne peuvent que très exceptionnellement mener.

Dès lors qu'ils dénient, à moins qu'ils n'en soient qu'oublieux, le poids de la détermination sociale[75] dans la position qu'ils occupent ou visent à occuper, les membres de l'élite salariale, ceux qu'elle influence comme ceux qui s'en font les porte-parole n'ont ainsi guère l'occasion de douter de leurs propres mérites. Forts de leur expérience, ils ont au contraire toute raison de penser que ceux qui ne peuvent parvenir à leur position échouent par incapacité ou absence de volonté personnelles.

Dans cette construction sociale des représentations, il ne peut plus y avoir qu'une profonde incompréhension entre tous ceux qui se heurtent à des impossibilités sociales et ceux qui n'y voient qu'une défaillance des individus.

Du fait de cette « fracture sociale », et parce que le champ de la représentation et des institutions politiques s'est jusqu'à présent avéré incapable de la prendre en charge, nous perdons ce qui nous lie, notre capacité à faire société ; nous nous dissocions.

« La question sociale est précisément la prise de conscience que cette fracture centrale qui est mise en scène à travers les descriptions du paupérisme peut conduire à la dissociation de l'ensemble de la société », note ainsi Robert Castel[76]. C'est bien pourquoi le retour aujourd'hui du paupérisme, dans la réalité, et celui de la question sociale, dans les représentations, ne sont pas seulement les signes d'une dissolution des impostures de la « société salariale » et la mise

75. Ainsi, et ceci résume assez bien l'effet de l'ensemble de ces facteurs : « La probabilité qu'un fils de cadre occupe une position sociale supérieure à celle d'un enfant d'ouvrier est de 78 % » ; cette même probabilité est de 73 % par rapport à celle d'un enfant d'employé. Sur ces points, cf. Dupays Stéphanie, « En un quart de siècle, la mobilité sociale a peu évolué », *op. cit.*, p. 348.
76. Castel Robert, *Les Métamorphoses de la question sociale, op. cit.*, p. 323.

à nu des stratagèmes par lesquels elle pouvait produire l'illusion qu'elle visait à entretenir. Ils sont aussi, positivement, l'affirmation d'une permanence – la partition de notre société en classes – comme les preuves du retour à la « condition prolétarienne » et à l'ordre social qui l'organise. La wal-martisation de nos économies est grosse d'un nouvel ordre prolétaire.

Dans une société qui n'a jamais cessé d'être une société de classes, sur fond de mutation du capitalisme, une réalité nouvelle a émergé ces trente dernières années. Avec le ralentissement de la croissance, la création d'emplois s'est enrayée ; avec la poursuite de l'augmentation de la population active, un chômage de masse s'est développé ; avec la déstabilisation sociale qui s'est ensuivie, la condition précaire s'est installée, devenant le principe de vie de couches populaires surplombées par l'horizon de la pauvreté.

On ne peut qu'en reconnaître les effets délétères. Ce développement de la précarité s'est donc accompagné de l'affirmation progressive d'une sensibilité collective nouvelle. Dont témoigne éloquemment, sinon efficacement, la mise en place de politiques publiques particulières, comme le RMI ou la CMU.

L'exposé des motifs de la proposition de loi qui en décembre 1988 a donné le jour au RMI exprime avec précision cette évolution des préoccupations :

> Une démocratie ne peut pas accepter que se banalisent les situations de pauvreté, précarité, exclusion sociale. Ces phénomènes, malheureusement, ne sont pas nouveaux [...] Cependant, la durée de la crise, qui se manifeste notamment par la montée du chômage, fait de la pauvreté le fléau social qu'il convient de combattre en priorité. [...] Ainsi, en dépit de la généralisation de la sécurité sociale, un certain nombre de personnes parmi les plus démunies échappent à toute protection sociale efficace [...].

Cette sensibilité nouvelle témoignait ainsi d'une rupture. Dans un ouvrage qui n'a, à ce jour, rien perdu de son actualité, un grand observateur de la politique sociale, et qui par ailleurs a été l'un des acteurs principaux de la mise en place du RMI, la résumera d'un titre : « Le social c'est fini [1] ! »

Bientôt, ceux-là mêmes qui, comme Pierre Bourdieu, s'étaient au milieu des années 1960 préoccupés de démystifier le « partage des bénéfices [2] » et la moyennisation apparente de la société, allaient devoir, un quart de siècle plus tard, s'inquiéter de *La Misère du monde* [3]... Encore dix années, et un autre observateur attentif de la situation sociale pourra s'écrier : « Comment ne pas partager l'indignation, la souffrance et l'amertume de ceux qui vivent au plus près l'aggravation d'un délitement social sans précédent [4] ? »

Dans ce moment précaire, qui dure depuis maintenant plus de trente ans, dans cette incapacité à en enrayer les effets comme à en combattre les causes, se signe la reconnaissance de la mise en échec du « social », celui du moins que l'on s'est plu à imaginer et à construire pendant les Trente Glorieuses. Les institutions de protection collective que nous nous sommes données étaient – et demeurent – de sécurité sociale ; elles ne pouvaient que s'avérer impuissantes face à la montée d'une insécurité économique massive, frappant électivement les couches populaires.

---

1. Sous le pseudonyme de VINGRE MICHEL, *Le Social c'est fini !*, Paris, Autrement, 1980.
2. Titre d'un ouvrage publié aux Éditions de Minuit en 1966 et auquel Pierre Bourdieu a largement collaboré. La quatrième de couverture explicite assez clairement les interrogations d'alors : « L'expansion économique est-elle capable, par soi seule, de réduire les inégalités économiques et sociales ? [...] Si les catégories les plus défavorisées voient leur niveau de vie s'élever et leur nombre diminuer, tandis que croissent les classes moyennes, si le mode de vie urbain et les avantages associés pénètrent des couches de plus en plus larges de la population... » (DARRAS, *Le Partage des bénéfices*, *op. cit.*).
3. BOURDIEU PIERRE, *La Misère du monde*, *op. cit.*
4. DURRLEMAN ANTOINE, « Bloc-notes », *Actualités sociales hebdomadaires*, n° 6, novembre-décembre 2004, p. 54.

Insécurité économique : la défaillance des institutions de protection

Difficultés conjoncturelles et lacune structurelle de l'assurance chômage

Ainsi, la mise en place d'un dispositif moderne d'indemnisation du chômage et d'accompagnement des demandeurs d'emploi dans leur recherche n'est intervenue que très tardivement, au regard des institutions de sécurité sociale créées, elles, dès 1945.

Longtemps, nous vécûmes sous l'empire d'un décret du 12 mars 1951, qui organisait une prise en charge minimale des chômeurs par la voie d'une assistance sous condition de ressources assurée par l'État, et d'une prévoyance individuelle par le biais de cotisations volontaires à des caisses d'assurance chômage privées. Cela paraissait alors suffisant.

Il faudra attendre le 31 décembre 1958 pour que, parallèlement à la mise en place d'un Marché commun dont on pressentait qu'il produirait de profondes mutations économiques, une véritable prise en charge de l'indemnisation du chômage voie enfin le jour dans notre pays.

C'est alors que les partenaires sociaux signent la convention créant l'Unedic (Union nationale interprofessionnelle pour l'emploi dans l'industrie et le commerce). Encore faut-il rappeler que cette négociation ne put se nouer que sous l'empire d'une très forte pression étatique ; il fallut un discours du général de Gaulle, le 1er août, pour qu'elle s'engage ; et la menace réitérée d'un recours aux ordonnances pour qu'elle se conclue. Accord historique, mais *a minima*, il permettait moins d'assurer l'indemnisation d'un véritable chômage que de permettre le financement d'une mobilité professionnelle.

C'est plus tardivement encore, en 1967, que les institutions du marché du travail[5] prennent véritablement le visage que nous leur avons connu jusqu'à il y a peu encore. C'est à ce moment, en effet, que le rapport Ortoli exprime une inquiétude jusqu'alors latente : « La croissance modérée mais continue du chômage, l'accélération

5. Mais aussi l'appareil statistique puisque c'est à cette date que se met en place l'enquête emploi de l'Insee. Pour la période précédente, on ne dispose, hors recensements, que d'estimations relativement fragiles.

du regroupement d'entreprises, la difficulté qu'éprouvent certains jeunes à trouver un emploi au sortir de l'école, certains cadres à se reclasser... Cette situation est préoccupante[6]. »

L'ANPE (Agence nationale pour l'emploi) est créée en juillet 1967 et l'Unedic couvre alors, enfin, l'ensemble des activités. Mais, à mesure que le chômage montera, l'édifice connaîtra des difficultés récurrentes. En dépit d'une augmentation constante des cotisations – 0,25 % en 1962, 0,4 % en 1970, 0,8 % en 1974, 6,48 %[7] aujourd'hui –, en dépit d'un resserrement des conditions d'attribution des allocations, en dépit d'une réduction continue du montant des prestations, en dépit du raccourcissement des durées d'indemnisation, en dépit de la dégressivité des allocations instaurée en 1992, ce système ne cessera d'aller de crise financière en crise financière : 1979, 1982, 1984, 1992...

Jusqu'en 1997, cette évolution s'est traduite par une incapacité grandissante à indemniser le plus grand nombre : à la fin 1985, moins de 46 % des demandeurs d'emploi percevaient une allocation et, à la mi-1997, ils n'étaient plus que 40,7 %[8]. Par la suite, embellie provisoire aidant, la mise en place fin 2000 de l'allocation de retour à l'emploi s'est accompagnée de la suppression de la dégressivité instaurée en 1992, et ce taux s'est alors très sensiblement redressé.

Mais, avec la stagnation persistante de la situation depuis 2001, l'Unedic s'est une nouvelle fois trouvée confrontée à la perspective de graves difficultés. Les prévisions[9] faisaient état d'un déficit de 4,1 milliards d'euros pour 2004, pour des dépenses d'assurance chômage de l'ordre de 31 milliards.

6. « Rapport sur les conséquences sociales de l'évolution des structures de l'économie », avril 1967, p. 1. Ce rapport a été rédigé par l'équipe du service des Affaires sociales du Commissariat général du Plan (essentiellement Jacques Delors et Marie-Thérèse Join-Lambert) sous l'égide de Xavier Ortoli, alors commissaire au Plan. Il n'a jamais été publié.

7. Hors cotisation à l'assurance de garantie des salaires, soit 0,15 %.

8. Sur ces points, cf. Join-Lambert Marie-Thérèse, *Chômage : mesures d'urgence et minima sociaux*, Paris, La Documentation française, 1998.

9. « L'équilibre financier de l'assurance chômage », Unedic, Direction des études et de la statistique, 16 novembre 2004.

Les signataires des avenants de décembre 2002 crurent trouver une réponse à la crise financière qui se profilait dans le durcissement drastique des conditions d'accès et le raccourcissement des durées d'indemnisation. La rigueur même de ces mesures et les réactions des « recalculés » qui s'ensuivirent firent partiellement échec à leur application. Aujourd'hui, à la mi-2006 où ces mesures ont fini par porter leur plein effet, la crise financière semble provisoirement conjurée : l'équilibre devrait être assuré pour l'exercice, même si le déficit accumulé reste de 13 milliards[10]. Mais c'est au prix d'un véritable effondrement de la prise en charge : en septembre, l'Unedic n'indemnisait de nouveau plus que 46 % des chômeurs, contre 51,8 % en septembre 2004.

Au-delà des avatars des diverses négociations qui scandent son histoire depuis l'origine, la crise financière récurrente du dispositif d'assurance chômage, son incapacité quasi permanente à assurer la moindre indemnisation à la moitié des chômeurs, suffit à en dire la lacune structurelle.

Le modèle qui s'établit dans le courant des années 1960 est en effet fondé sur une conception assurantielle : conçu pour indemniser les chômages d'assez courte durée de salariés ayant cotisé longtemps, il suppose pour être viable le rapide reclassement des demandeurs d'emploi. Il ne peut en aucune façon faire face seul aux conséquences conjuguées du chômage de masse qui s'installe, du chômage de longue durée qui explose, de la précarité qui se développe et conduit à des affiliations courtes, et de la difficulté massive d'insertions des jeunes.

Cette impossibilité est désormais suffisamment avérée pour que, en décembre 2005, les partenaires sociaux, pour reprendre les termes mêmes du communiqué de l'Unedic, « décident de réfléchir au cours de l'année 2006 à une réforme de l'organisation du système d'assurance chômage mieux adaptée à la nouvelle donne économique et sociale ».

---

10. « Prévision d'équilibre financier du régime d'assurance chômage », Unedic, Direction des études et de la statistiques (DES), 6 juillet 2006.

L'insuffisance du régime de solidarité : le réveil de l'assistance

Devant l'impuissance de la protection institutionnelle de l'assurance chômage à faire face à l'insécurité économique montante et devant le développement des facteurs de paupérisation, il fallut bien que la collectivité s'organise.

Non d'ailleurs que l'intervention publique ait pris une place manifestement plus importante aujourd'hui qu'en 1970, loin de là. L'importance relative des chômeurs indemnisés par le régime dit de solidarité n'est pas plus forte aujourd'hui qu'il y a vingt ans, alors même que le chômage, et plus encore le chômage de longue durée auquel ce dispositif est supposé répondre, n'a cessé de croître.

Nombre de chômeurs indemnisables [11] et indemnisés (en milliers) par le régime de solidarité, 1985-2006

	Indemnisés	Indemnisables	en %
Décembre 1985	374	2 833	13,2
Novembre 2004	426	4 354	9,8
Juin 2006	462	3 812	12,1

Financièrement, l'ensemble des dépenses liées au chômage – y compris les préretraites – n'a pas suivi la dynamique générale des prestations sociales, même lorsque l'on inclut le RMI.

Part des « risques » emploi-chômage et exclusion-pauvreté dans l'ensemble des prestations sociales (en %), 1981-2003 [12]

	1981	1985	1990	1996	2003
Emploi-chômage	10,4	10,9	8,7	8	7,9
Exclusion-précarité	0,3	0,2	0,8	1,2	1,4
Total	10,7	11,1	9,5	9,2	9,3

11. Ensemble des DEFM (demandeurs d'emploi inscrits en fin de mois) toutes catégories et des dispensés de recherche d'emploi.

12. Sources : « Les revenus sociaux en 2002 », *Dossiers solidarité et santé*, n° 4, octobre-décembre 2003, Direction de la recherche, des études, de l'évaluation et des statistiques (Drees), pour les années 1981 et 1985 ; « Les comptes de la protection sociale en 2003 », document de travail n° 70, Drees, octobre 2004, pour les autres années. Rappelons que, au sens des comptes, le « risque emploi-chômage » recouvre l'ensemble des dépenses liées à l'indemnisation, d'assurance comme de solidarité, celles liées à l'insertion et à la réinsertion, ainsi que les préretraites ; le « risque pauvreté-exclusion » comprend pour l'essentiel (82 % en 2003) le RMI, ainsi que les secours accordés par l'ensemble du secteur associatif.

Cette politique publique a toutefois connu entre-temps un épisode qui a durablement et profondément marqué la prise en charge des revenus de remplacement.

Dans un premier temps, et cela jusqu'à la crise de financement de l'Unedic de 1979, la puissance publique s'est désengagée de fait. La montée du chômage, couplée avec un régime Unedic inchangé, se traduit alors par une explosion des coûts de l'indemnisation et une augmentation régulière des cotisations. L'engagement public, qui représentait plus de 30 % des dépenses au début des années 1970, tombe alors à moins de 25 % en 1978[13].

On entame alors une profonde redéfinition des allocations. Afin de réengager financièrement l'État et de soulager l'Unedic, l'aide publique disparaît pour se fondre dans un régime d'allocation unique : ainsi disparaît la partition entre régime d'assurance de l'Unedic et régime de solidarité financé par l'État. La puissance publique participe ainsi au cofinancement de l'Unedic, entraînant une redéfinition des rôles : à l'ANPE le placement, à l'Unedic l'indemnisation.

Cette réforme était conçue pour résoudre durablement les problèmes financiers ; mais il aurait fallu pour cela que l'État accepte de s'engager de plus en plus. Il ne le fera pas. Aussi ne pourra-t-on éviter une nouvelle crise. Par décret d'abord, en 1982, par accord ensuite, en 1984 – non signé alors par la CGT et la CFDT –, la distinction entre assurance et solidarité fut rétablie.

Pour l'essentiel, et au-delà des avatars des différentes conventions Unedic, nous vivons toujours sur cette distinction, qui ne sera plus remise en cause par la suite.

Ce revirement marquera une vraie rupture. Jusque-là, le régime d'assurance était relativement favorable ; pour ceux, du moins, qui étaient indemnisés. Plus de la moitié des allocataires bénéficiaient alors d'un taux de remplacement au moins égal à 80 % de leur salaire

---

13. Rigaudiat Jacques, « Le chômage », in *La Protection sociale*, Cahiers français n° 215, mars-avril 1984.

brut. Ce ne sera plus jamais le cas ; ce taux est aujourd'hui, en moyenne, de l'ordre de 57 %. C'est de ce moment que date véritablement le reflux de la prise en charge par l'assurance chômage.

Le régime de solidarité financé par l'impôt et que représente aujourd'hui pour l'essentiel l'allocation spécifique de solidarité (ASS), ne permettra en rien de répondre à cette défaillance de plus en plus patente. Par sa nature même, cette prise en charge ne concerne qu'un faible nombre de demandeurs d'emploi. L'ASS ne touche en effet que les personnes en fin de droits et implique évidemment que ceux-ci aient existé ; elle y ajoute même des conditions restrictives – cinq années d'activité au cours des dix dernières années et des ressources plafonnées. Ceux qui, faute d'activité antérieure suffisante, n'ont pas droit à l'assurance, n'avaient d'autre recours que l'allocation d'insertion, dont le bénéfice a été supprimé pour les jeunes à la recherche de leur premier emploi en 1991.

Le mouvement général qui parcourt les trente dernières années est donc le reflux progressif de la prise en charge du chômage au regard des besoins des personnes. Il était difficile qu'il en aille autrement. Les difficultés récurrentes de l'assurance chômage ne pouvaient être palliées par la solidarité familiale. Quant au régime de solidarité financé par l'État, dont la vocation est de prolonger les droits ouverts à l'assurance, il ne pouvait, de par sa nature même, en combler la lacune fondamentale.

Car si le régime d'allocations est devenu de plus en plus restrictif, il l'a fait en fonction des principes fondateurs qui sont les siens : ceux de l'assurance. Le délaissement progressif intervenu a donc touché les chômeurs de manière très différenciée, par une affirmation progressive de ce qu'il est convenu d'appeler les « filières ». Naguère encore, l'accès aux droits était ouvert par une durée d'affiliation unique relativement brève et les périodes d'indemnisation ne variaient qu'en fonction de l'âge[14]. Aujourd'hui, outre que l'accès

14. Ainsi, dans la convention de 1979, qui représentait pourtant un premier recul par rapport au régime antérieur, il suffisait d'avoir travaillé 91 jours au cours des

suppose une durée d'affiliation conséquente, les temps d'indemnisation varient en fonction directe de celle-ci : plus l'ancienneté dans l'emploi est longue, plus la durée prise en charge l'est aussi[15]. Ce sont les salariés les plus affectés par l'insécurité de l'emploi qui sont aussi les plus mal protégés. Pour eux, il y a, en somme, double peine !

Avec ces trous béants, et faute que l'on veuille remettre en cause la partition entre assurance et solidarité, ce système ne pouvait que produire de la pauvreté. C'est dans ce contexte et pour ces raisons que, aucun des minima sociaux existants n'ayant vocation à prendre en charge les chômeurs non indemnisés, le revenu minimum d'insertion (RMI) a été instauré par la loi du 1er décembre 1988.

Le bâton, la carotte et le retour de l'individu autonome

À défaut d'avoir organisé la couverture sociale du chômage, nous dûmes ainsi, faute de mieux, restaurer l'assistance publique aux pauvres. Ce faisant, nous retrouvions aussi l'ancienne – et même antique – question, celle de leur « gouvernement[16] ». Comme l'écrivait sans ambages Émile Chevallier en 1895 dans un classique de la littérature sur le paupérisme, « un État ne peut assurer au premier venu un droit aux secours publics, ni promettre l'assistance au paresseux et à l'ivrogne comme au vieillard et à l'infirme[17] ». Comment, en effet, parvenir à faire le partage entre les uns et les autres ? Comment ne pas, à travers l'assistance, détourner du droit chemin

---

12 derniers mois et ceci ouvrait droit à une durée d'indemnisation variant de 365 à 912 jours en fonction de l'âge.

15. Dans l'actuelle convention, en vigueur depuis janvier 2006, la durée minimale d'affiliation requise pour être indemnisé est de 6 mois au cours des 22 derniers mois, elle ouvre droit à une indemnisation de 213 jours. Pour accéder à une indemnisation de un an, il faut avoir travaillé 12 mois au cours des 20 derniers mois.

16. Sur cette question, qui a littéralement hanté le XVIIIe siècle finissant et tout le XIXe, le lecteur intéressé pourra utilement consulter PROCACCI GIOVANNA, *Gouverner la misère : la question sociale en France, 1789-1848*, Paris, Le Seuil, 1993 ; SASSIER PHILIPPE, *Du bon usage des pauvres, op. cit.* ; FORREST ALAN, *La Révolution française et les pauvres*, Paris, Perrin, 1989 ; BEC COLETTE, *Assistance et République*, Paris, Éditions de l'atelier, 1994.

17. CHEVALLIER ÉMILE, *La Loi des pauvres et la société anglaise*, Paris, Rousseau éditeur, 1895, p. 389.

de l'effort et du travail ? Ces questions d'hier sont redevenues celles d'aujourd'hui.

Naguère, la force du fordisme était le résultat conjoint de la contrainte représentée par la discipline de l'atelier et de l'espoir entretenu de sortir de sa condition, par le pouvoir d'achat pour soi-même, par l'éducation pour ses enfants. Où se trouve donc, aujourd'hui, celle du wal-martisme, quand l'autonomie retrouvée voisine avec la précarité, alors même qu'une implication totale est requise de l'opérateur et que l'espoir a cédé la place à la double désillusion d'un pouvoir d'achat qui stagne et d'une perspective de déclassement des enfants ? Comment résoudre cette impossible équation ?

Sans doute peut-on se reposer sur la force de l'amour, celle du travail s'entend ; si possible bien fait. C'est là, sans conteste, un puissant moteur, mais ce serait avoir une bien trop grande confiance en un sentiment beaucoup trop fragile que de vouloir le constituer en pièce maîtresse sur laquelle pourrait tout entier reposer le dispositif. Que l'on s'attache à en favoriser les représentations est une chose, mais que l'on s'en remette paisiblement à lui seul en est une autre. L'on peut, certes, se fier à la moderne gestion des ressources humaines pour inventer des techniques visant à susciter, à entretenir et à légitimer cet attachement : salaires individualisés au mérite, gestion prévisionnelle des carrières, entretiens d'évaluation annuels... Mais il s'en faut de beaucoup que cela suffise, d'autant que les gratifications ne concernent que ceux, peu nombreux, dont on veut s'assurer la fidélité – certains cadres –, ou ceux que l'on veut montrer en exemple aux autres – supervendeur du mois ou manager de la semaine. Les couches populaires ne sont que très médiocrement concernées[18].

Aussi faut-il une prescription suffisamment générale et extérieure pour qu'elle puisse être totalement naturalisée, et à ce titre intégrée, par l'individu ainsi vraiment autonome.

---

18. On peut même avancer que là est la grande différence entre le wal-martisme et l'uddevallisme ; ce dernier voulait étendre aux opérateurs de la ligne de production et largement généraliser les contreparties à l'implication. En cela, dans un moment où la mondialisation était déjà prédominante, il constituait une utopie.

C'est pourquoi le nouveau capitalisme wal-martisé est à l'origine d'une nouvelle grande transformation : dans la répartition des fonctions entre l'économique et le social, il y a inversion. Hier, la carotte était dans la société et le bâton dans l'atelier ; le progrès du niveau de vie, l'espoir d'une ascension sociale permettaient tant bien que mal de faire accepter la discipline taylorienne. Aujourd'hui, l'entreprise n'offre plus qu'une bien maigre carotte et le social est devenu le principal vecteur de la coercition : il apportait des droits, on voudrait désormais qu'il vise d'abord à rappeler aux devoirs. En cela aussi, le wal-martisme est un retour à avant-hier, puisqu'il ressuscite les vieilles règles de bonne gestion du paupérisme. Celles-là mêmes que, en 1850, en un temps où l'euphémisme ne passait pas encore pour une nécessité sociale, Adolphe Thiers pouvait brutalement résumer dans son célèbre rapport sur l'assistance et la prévoyance publiques : « Nul ne doit faire peser sur la société le fardeau de sa paresse ou de son imprévoyance. » Quelles que soient les précautions de langage dont désormais on s'entoure, c'est bien ce modèle qui ressuscite. De nouveau, pauvreté est fille de paresse et d'imprévoyance.

Selon cette vision, « l'homme adulte doit se suffire à lui-même », une fois évacuée la question des « pauvres invalides », qu'il s'agisse des femmes enceintes, des malades ou des personnes âgées, qui ne peuvent travailler – et c'est précisément l'objet de la sécurité sociale et de ses « branches » que d'y pourvoir. L'autonomie qui caractérise l'individu prolétaire dans sa vie de travail est donc une autarcie dans sa vie sociale. Devant tout à lui-même, il est censé ne rien devoir aux autres. Ne compter que sur soi-même, tel est le nouvel impératif catégorique.

De là le principe réciproque qui dès lors gouverne l'action publique en direction de celui qui prétend à l'assistance : dans son intérêt même, celui de l'aider à se constituer dans l'autonomie, les autres, dans leur collectivité, doivent ne lui rien donner, sauf à ce qu'il exhibe quelque titre à s'en prévaloir.

Cette très vieille question des « pauvres valides » avait pu être oubliée pendant le moment où, le travail ne manquant pas, les problèmes conjoncturels paraissaient pouvoir être réglés par le keynésianisme sur le plan macroéconomique et par l'assurance chômage sur le plan social. Mais, avec la montée de la pauvreté des actifs, elle revint.

Dans la pratique contemporaine, cette politique est, pour l'essentiel, gouvernée par deux axiomes. *A priori* de bon sens, leurs conséquences sociales sont ravageuses.

Le premier est celui de la *moindre éligibilité* : les minima distribués par la société aux « pauvres valides » doivent être moins rémunérateurs que l'activité. Sa mise en œuvre pratique entraîne un subtil dégradé entre le montant de l'ASS et celui du RMI, ce dernier étant lui-même calculé « par rapport au salaire minimum, de sorte qu'en aucune configuration familiale il ne puisse être supérieur à un revenu d'activité[19] ». La norme bureaucratique implicite est que ces minima soient sensiblement inférieurs au Smic à mi-temps. Son montant est aujourd'hui d'environ le tiers du revenu médian, soit inférieur au seuil de 60 % retenu par l'Union européenne pour définir la pauvreté.

Du fait de ce modèle, les minima supposés empêcher la pauvreté l'entretiennent, et doublement. En prenant acte d'une norme d'emploi profondément dégradée, ils ouvrent plus encore la voie à l'existence de travailleurs pauvres ; en étant fixés à des niveaux de survie, ils enferment dans une condition qui exclut.

Le second principe, en lien étroit avec le précédent, est l'*incitation à l'activité*, qui se trouve précisément dans cette distance entre le plus faible des revenus d'activité et le minimum social perçu. Faute de permettre d'assurer le nécessaire, cette distance doit pousser le « pauvre valide » à retrouver un emploi. Posée comme en soi décourageante, par nature contraire aux bonnes règles de l'économie, l'existence de minima ne s'explique que par les mouvements du cœur propres à la démocratie ; toute revalorisation de leur montant, et de façon générale toute réduction de cette distance est supposée

---

19. Join-Lambert Marie-Thérèse, *Politiques sociales*, Paris, Presses de Sciences Po/Dalloz, octobre 1997, p. 642.

faire courir le risque d'ouvrir une « trappe à pauvreté », ou à inactivité, contraire à l'intérêt bien compris des allocataires eux-mêmes[20]. Si le revenu d'assistance est « trop » élevé au regard du salaire que peut espérer la personne assistée, celle-ci n'a, aux yeux des économistes, pas de raison de travailler.

De ce point de vue, le dispositif mis en place ne permit pourtant guère d'enregistrer de grands succès : le contrat d'insertion, contrepartie en principe obligatoire, est le plus souvent inexistant – du fait de l'incapacité des conseils généraux à les proposer aux RMIstes, et non en raison du refus de ceux-ci –, et le retour vers l'emploi bien aléatoire. On crut alors nécessaire de rechercher d'autres voies afin d'accroître cette distance supposée incitative. L'instauration de la dégressivité des allocations chômage en 1992 s'inscrivit dans cette logique. Quant aux minima, faute de pouvoir décemment rogner sur leur montant, ou, à l'inverse, revaloriser le Smic, toutes les solutions possibles furent employées pour suppléer à l'insuffisant attrait de la faible rémunération des emplois offerts aux RMIstes : sous-indexation par rapport aux prix, « intéressement » permettant de maintenir le versement de l'allocation pendant qu'une activité est reprise, « prime pour l'emploi »[21]...

S'il paraît bien difficile, quoi qu'on en ait, d'administrer une preuve tangible de la réalité concrète d'un quelconque effet de découragement des minima sociaux[22], le *modèle individualiste* de

20. Cf. Piketty Thomas, « L'impact des incitations financières au travail sur les comportements individuels », *Économie et statistique*, n° 132-133, Insee ; Pisani-Ferry Jean, rapport au Conseil d'analyse économique (CAE) n° 30, Paris, La Documentation française, 2000.

21. On en trouvera une description et un commentaire dans le rapport de l'Observatoire de la pauvreté et de l'exclusion sociale, *op. cit.*, p. 68 *sq.*

22. Cf. Granier Pierre et Joutard Xavier, « L'influence de la perception du RMI sur la sortie vers l'emploi », *Économie et statistique*, n° 357-358, Insee, février 2003. Au terme de leur analyse, ces auteurs doivent se rendre à l'évidence et constater que « les effets désincitatifs sur le retour à l'emploi liés à l'appartenance au dispositif sont vraisemblablement faibles pour les personnes demeurant à la recherche d'un emploi ». Le « vraisemblablement faibles » signifiant que, n'ayant statistiquement pas pu en identifier un, mais la théorie enseignant qu'il existe, ils le présupposent : la théorie a raison contre les faits.

retour gouverne pourtant les choix collectifs. Les principes qui lui sont liés, sans doute de bon sens dès lors que le chômage peut en quelque façon être imputable à une « paresse » présumée, c'est-à-dire qu'il est de peu d'ampleur et lié à des faiblesses individuelles, échouent totalement dans une situation de chômage de masse.

C'est à la mise en place des conséquences ultimes de cette logique que nous sommes désormais confrontés. De cela, la loi « de cohésion sociale » du 18 janvier 2005 offre une claire illustration. Elle prolonge et parfait la voie individualiste empruntée depuis plus de trente ans, dans trois directions principales.

D'abord, par la *libéralisation du marché du travail*. La fin du monopole de l'ANPE et l'ouverture de l'activité de placement à la concurrence de nouveaux opérateurs (articles 1 à 4 de la loi), en particulier privés, ouvrent un champ nouveau à l'activité lucrative. Le marché du travail doit être un espace concurrentiel, il le devient.

Ensuite, par l'*activation des dépenses passives*. Face à l'échec avéré de l'incitation due à la moindre éligibilité, il faut passer à l'étape suivante. Encourager à l'activité ne suffisant plus, le versement de l'allocation ou du minimum social sera désormais lié à l'exigence d'une contrepartie. Ce fut déjà le cas, en 2000, dans le domaine de l'assurance chômage, avec la création de l'allocation de retour à l'emploi ; puis, en 2003, dans le champ du RMI, avec l'invention du revenu minimum d'activité (RMA), attribué en échange de la reprise d'un emploi à temps partiel. Avec la loi Borloo, c'est désormais l'ensemble des allocataires et des activités qui est couvert. Ainsi, avec le « contrat d'activité » (article 29 de la loi), les bénéficiaires du RMI et de l'ASS pourront être employés au Smic à temps partiel par des employeurs du secteur non marchand qui percevront leur allocation, à laquelle s'ajoutera d'ailleurs une prime dégressive ; avec le « contrat d'insertion » (article 33), ils pourront l'être dans les mêmes conditions par des entreprises du secteur privé. Avec ces mesures, nous entrons d'ailleurs dans une ère nouvelle : celle des salaires subventionnés. De manière cohérente, ce dispositif est complété par l'« implication forte » qui sera désormais demandée aux chômeurs s'ils veulent pouvoir être indemnisés (articles 7 et 8). Un pas de plus est franchi dans l'évolution vers l'acceptation forcée d'une activité. Au bout de cette route, c'est la perspective de la régression vers le « *workfare* » – l'obligation de travail comme contrepartie à un revenu d'assistance – qui se profile. Il n'y a, en somme, de véritable autonomie que (très) fermement guidée.

Enfin, en dépit des dénégations[23], la troisième direction est la régression de la *protection sociale en assistance*. Comme l'indique l'exposé des motifs de la loi : « La France consacre à la protection sociale un effort financier important qui a plus que doublé au cours des vingt dernières années : près de 450 milliards d'euros chaque année, soit 30 % de la richesse nationale [...] et pourtant nos résultats sont inquiétants. La France doit, en effet, faire face à un chômage structurel et à l'exclusion qui l'accompagne. »

Dans la mesure où notre dispositif de sécurité sociale est pour l'essentiel consacré aux retraites et à l'assurance maladie – qui représentent 78,2 % des prestations en 2003 – et où les dépenses liées à la protection contre l'insécurité économique n'y pèsent qu'à peine plus de 9 % (soit moins de 3 % du PIB), un tel amalgame ne manque pas d'intriguer. Derrière ce texte, il y a une prévision implicite, celle d'une évolution explosive des dépenses liées à l'insécurité économique[24] et de la nécessité, demain, de choisir entre les unes et les autres. Il y a la crainte d'un effet d'éviction entre les fonctions traditionnelles de protection sociale et la protection économique. C'est alors d'une réorganisation complète qu'il est question. S'il n'est plus possible de continuer à donner indistinctement à tous, comme le veut le principe fondateur de solidarité, alors il faudra en sortir. La protection sociale, progressivement recouverte par les exigences d'une protection économique vouée à l'entretien des pauvres et à

23. Ainsi, l'exposé des motifs affirme-t-il que le « projet de loi [...] organise [...] un dispositif systématique de sortie d'une logique d'assistance. »

24. Non d'ailleurs sans quelque apparence de réalité : + 9,8 % pour les dépenses d'emploi-chômage en 2003, + 8,7 % pour le RMI, contre « seulement » + 6,6 % pour les dépenses de santé et + 4,1 % pour celles des retraites.

leur retour à l'emploi, devra elle-même devenir essentiellement redistributive et d'assistance ; soit, concrètement, ne prendre en charge qu'en fonction d'un plafond de revenus. Pour les autres, la prévoyance individuelle devrait, espère-t-on, permettre d'y pourvoir[25]...

Il faut redouter que, enfermés dans un tel modèle, on ne doive un jour s'écrier, tel Buret exposant les causes de la *« poor law »* anglaise de 1834, qui privait les pauvres valides, y compris les enfants, de toute assistance, en dehors d'une place dans une *« workhouse »* (asile d'indigents où il leur fallait travailler) : « Comme on ne pouvait pas diminuer la misère, on fut bien obligé d'en diminuer la subvention [...] N'y avait-il pas autre chose à faire qu'à réduire le chiffre de l'aumône ? » On ne saurait mieux dire ; mais ce fut dit il y a maintenant plus de cent soixante ans.

Les facteurs de la précarité

La wal-martisation du capitalisme et l'échec des institutions de protection sociale qu'elle a provoqué ont favorisé la montée du chômage et de la pauvreté dans les couches populaires. La situation d'un nombre grandissant de personnes est de plus en plus incertaine, instable, sans perspective.

Au-delà du dénuement, c'est d'une précarisation croissante des situations personnelles qu'il s'agit. Comme le disait si bien Vauban dans la citation déjà évoquée : derrière tous ceux-là qui sont « réduits à la mendicité », il y a tous ces autres, bien plus nombreux – alors cinq fois plus – qui en sont « réduits à très peu de choses près à cette malheureuse

25. C'est bien l'ensemble du dispositif de protection sociale qui est aujourd'hui remis en cause, en France comme dans la plupart des pays européens. Ces questions ne sont pas abordées ici. Pour ce qui me concerne, et après bien d'autres, j'ai tenté de les traiter dans une contribution récente. Le lecteur intéressé pourra se reporter à RIGAUDIAT JACQUES, « Retraites, santé, quelles sécurités sociales demain ? », in PEILLON VINCENT, MONTEBOURG ARNAUD et HAMON BENOÎT, *Au cœur de la gauche. Éléments pour un projet politique*, Latresne, Le Bord de l'eau, 2005.

condition ». La précarité endémique des situations est au cœur de la paupérisation massive de notre société, et ce n'est certes pas un hasard si, à en croire les sondages, près d'un Français sur deux a aujourd'hui peur de se trouver sans abri. À leur tour, cette réalité et l'incertitude du lendemain qu'elle provoque déterminent des comportements nouveaux qui contribuent à asseoir ce nouveau régime, l'ordre prolétaire.

Le chômage et son halo

Le chômage touchait, en septembre 2006, 8,8 % de la population active. Encore faut-il souligner ici que ce chiffre, largement diffusé, communément admis et passionnément commenté chaque mois, ne rend plus guère compte de la réalité – sauf aux yeux des économistes, qui n'ont, il est vrai, en cette matière, guère de considération pour elle. Cet indicateur demeure un enjeu politique, alors même qu'il n'est plus porteur, à lui seul, d'une mesure véritablement significative. Il existe à cela au moins deux raisons.

La première, c'est que mesurer le chômage ne vaut que si la situation se prête à une distinction binaire : en avoir (un emploi), ou pas. Dès lors que cette dichotomie s'estompe au profit d'un continuum, différentes formes de sous-emploi s'arrimant au chômage « dur » et l'entourant d'un *halo*[26], il est vain de vouloir capturer la réalité au travers du seul taux de chômage au sens habituel de ce terme. La donnée la plus fréquemment commentée – les « demandeurs d'emploi de catégorie 1 » (DEFM 1[27]) inscrits à l'ANPE ne permet plus aujourd'hui de donner une mesure, même approximative, de la pénurie de travail.

L'ANPE classe différemment les demandeurs selon qu'ils recherchent un temps plein en contrat à durée indéterminée (CDI) – c'est la catégorie 1 déjà évoquée –, un simple contrat à durée déterminée (CDD) ou un temps partiel – respectivement, les catégories 2 et 3.

26. Cézard Michel, « Le halo autour du chômage », *Économie et statistique*, n° 249, Insee décembre 1991.
27. C'est-à-dire : immédiatement disponible, à la recherche d'un emploi à temps plein en contrat à durée indéterminée.

De même, sont décomptés les demandeurs d'emploi qui, bien qu'ayant travaillé plus de soixante-dix-huit heures dans le mois, sont à la recherche d'un emploi en CDI, en CDD ou à temps partiel – respectivement, les catégories 6, 7 et 8.

À ceux-là, qui sont à la recherche d'un emploi, il faut encore ajouter tous les salariés âgés qui sont soit de faux inactifs parce qu'ils sont très officiellement... dispensés de recherche d'emploi bien que percevant une indemnisation, soit de faux retraités parce que bénéficiaires d'une forme de préretraite à laquelle ils ont été contraints.

Or la simple prise en compte de l'ensemble de ces situations, dont le chiffre est d'ailleurs très officiellement publié chaque mois, modifie assez radicalement l'appréhension que l'on peut avoir de l'importance du chômage dans notre pays. Ainsi, en septembre 2006, nous avons, en milliers de personnes :

Catégorie 1	2 172,3
Catégories 2 et 3	675,7
Catégories 6, 7 et 8	657,4
Dispensés de recherche d'emploi	411,8
Préretraites[28]	78,8

De ce point de vue, il n'y a donc pas dans notre pays un peu moins de 2,2 millions de chômeurs, comme on le dit, mais, lorsque l'on fait l'addition, près de quatre millions ; non pas de l'ordre de 8,8 %, mais de 16,2 % ! On admettra que la perspective n'est pas tout à fait la même !

La seconde raison, qui n'est pas nouvelle, c'est que le risque de chômage ne vaut pas pour tous. Certains, du fait de leur statut de fonctionnaires ou d'agents d'entreprise publique, ont un emploi assuré. Or c'est bien le poids du risque qui structure les

28. AS FNE, CATS, ARPE et préretraites progressives. Ces données sont celles du mois d'août 2006 (sauf préretraites progressives : juin 2006) ; les dernières disponibles au moment de l'impression.

comportements et les attentes. Il repose, en fait, sur une population bien plus restreinte que celle prise en compte dans le calcul habituel, qui inclut l'ensemble des salariés. Dans la population qui en court véritablement le risque[29], on peut estimer que le taux de chômage est de l'ordre de 24 %. Près de un sur quatre !

L'existence d'un tel risque affaiblit gravement par avance toute forme de résistance, individuelle ou collective. Dès lors, comme en témoigne depuis plus de deux décennies la statistique des journées de grève, le mouvement social ne parvient plus que très difficilement à mobiliser dans le secteur privé. Il se réduit peu ou prou à deux formes : la grève par désespoir, lorsque l'entreprise ferme ou licencie et que le risque de chômage est devenu une certitude ; la grève par procuration, supposée faite pour le compte de l'ensemble des salariés par ceux qui bénéficient d'un statut protecteur et peuvent ainsi encore construire un rapport de force avec leurs employeurs. Cette situation explique que de tels mouvements, qui touchent notamment les services publics des transports, obtiennent souvent, en dépit des inconvénients qu'ils présentent pour les usagers, un large soutien de l'opinion publique.

Mais une résistance par procuration ne remplace pas une résistance directe ; ces employeurs-là, qui la plupart du temps sont étroitement dépendants de l'État, ne sont pas ceux qu'il faudrait pousser à négocier : les employeurs privés. Le mouvement ouvrier voit ainsi peu à peu s'effriter sa capacité à construire les rapports de force permanents qui, seuls, permettent de stabiliser la situation salariale. Au-delà du chômage, et en partie à cause de lui, ce sont les caractéristiques propres à la « condition salariale » qui s'affaiblissent puis s'évanouissent, notamment celles qui concouraient à la formation de rémunérations peu ou prou indexées sur l'évolution de la productivité.

---

29. C'est-à-dire hors agents titulaires des fonctions publiques et salariés stables des entreprises publiques.

L'éclatement de l'emploi

Sous cette pression permanente du risque de chômage, l'emploi a subi un véritable éclatement[30]. Le champ de l'activité, lui aussi, n'est plus structuré par l'opposition entre en avoir (un travail) ou pas, comme il l'était jusqu'à présent. Entre emploi et chômage, au sens « classique » de ces termes, s'étend désormais une zone grise où des activités de plus en plus incertaines finissent par céder la place à ce « halo autour du chômage » qui vient d'être évoqué. Pour construire le paysage de la précarité, se succèdent ainsi[31] :

– *l'emploi précaire*, CDD, intérim, stages et contrats aidés –, qui représente aujourd'hui près de 14 % du salariat ; un emploi sur sept, soit trois millions de salariés ;

– *le sous-emploi*, le temps partiel contraint, désormais mesuré par l'Insee, qui touche près de 1,3 million de personnes, à 77 % des femmes[32].

Encore la période ici retenue englobe-t-elle les quelque 2 millions d'emplois créés de 1997 à 2001, soit autant que lors des quatorze années précédentes, faute de quoi le bilan aurait été encore plus négatif.

30. Titre d'ensemble d'un numéro d'*Économie et statistique*, qui indique d'ailleurs assez, à lui seul, combien il s'agissait là d'une situation qui était encore considérée comme une novation ; « Emploi et chômage : l'éclatement », *Économie et statistique* n° 193-194, Insee, novembre décembre 1986.

31. Précisons que, parce qu'elles se recouvrent partiellement, ces différentes situations ne peuvent être additionnées simplement ; on peut en effet, pour ne prendre que cet exemple, tout à la fois être à temps partiel contraint *et* en CDD.

32. Sur ces différents chiffres, cf. « Premiers résultats de l'enquête sur l'emploi 2005 », *Insee Première*, n° 1070, mars 2006.

Évolution des différentes formes d'emploi et de chômage[33] (en milliers), 1983-2005

	1983	2005
Non-salariés	3 644	2 719
Salariés	17 735	22 202
Dont :		
Intérim	113	548
CDD	263	1 713
Emplois aidés	375	434
Apprentissage	180	335
Emplois statutaires et CDI	16 804	19 172
Population active occupée	*21 379*	*24 921*
Chômeurs BIT	1 840	2 717
Population active	23 219	27 638
Sous-emploi	*148*	*1 299*
Dispensés de recherche	*0*	*412*
Préretraites	*650*	*79*

L'emploi précaire et le sous-emploi, tous doubles comptes défalqués (par exemple un CDD à temps partiel)[34], ne représentaient que 16 % de l'emploi total en 1990 ; ils en concernaient le quart en 2000, mais 34 % de l'emploi des jeunes et 43 % pour les moins qualifiés. En 2005, les emplois statutaires *et* à plein temps ne représentent plus que 72,3 % du salariat, 60 % pour les femmes[35].

Face à cette dégradation très rapide de la situation de l'emploi, on ne peut se contenter de cette seule photographie qui sert souvent

33. L'essentiel de ces chiffres est tiré des enquêtes emploi 1983 et 2003 de l'Insee. Par « emplois statutaires », il faut entendre l'ensemble des situations autres que celles précaires ici dénombrées et que l'Insee décompte désormais sous l'intitulé CDI et autres, ceci valant pour le secteur privé comme pour le secteur public. Le poste préretraites regroupe l'ensemble des dispositifs : AS FNE, préretraites progressives, ACA, ASA et AER, tels qu'ils sont dénombrés pour octobre 2004 dans le tableau de bord des politiques d'emploi publié par le ministère du Travail ; de même pour les dispensés de recherche d'emploi, mais en septembre de la même année. Pour les données 1983, la source est « Quinze ans de politique d'emploi, 1974-1988 », Service des études et de la statistique, ministère du Travail, n° 62, septembre 1990.
34. Conseil de l'emploi, des revenus et de la cohésion sociale, *Accès à l'emploi et protection sociale*, rapport n° 1, 2001, p. 41.
35. D'après Insee, *Hommes et femmes, regards sur la parité*, 2006.

à rassurer : après tout, l'emploi statutaire ne demeure-t-il pas largement majoritaire ? Ce serait ne tenir nul compte d'une évolution qui lui est très défavorable : les formes d'emploi autres que le CDI à temps plein explosent. Depuis le début des années 1980, nous avons assisté à la multiplication par 8,8 du sous-emploi, par 6,5 du nombre de CDD et par près de 5 de l'intérim. Dans le même temps, le nombre de salariés en CDI ou en emplois publics statutaires ne progressait, lui, que d'un maigre 14 %.

Au total, le bilan est clair : sur cinq actifs supplémentaires arrivés sur le marché du travail depuis le début des années 1980, deux sont chômeurs, un autre est précaire, et les deux derniers seulement occupent des emplois jusqu'alors considérés comme normaux.

Aujourd'hui, hors intérim, les CDD représentent les trois quarts des embauches dans le secteur privé ; et, comme l'indiquent les statisticiens du ministère du Travail, « les embauches sont rares sous CDI pour les employés et les ouvriers non qualifiés ». Et pour cause : les CDD représentent plus des trois quarts des embauches pour les premiers, nettement plus des quatre cinquièmes pour les seconds, contre un peu plus de 42 % pour les cadres. La précarité est désormais la norme des non-qualifiés et des jeunes, puisque pour eux aussi trois embauches sur quatre se font en ces termes.

La dynamique du système d'emploi va dans le sens d'une très profonde précarisation. C'est une rupture majeure. L'irruption de l'insécurité à laquelle nous assistons depuis les années 1970 ne saurait donc être résumée à la seule explosion quantitative du chômage. Aujourd'hui même, alors que le chômage baisse sensiblement depuis le début du deuxième trimestre de 2005, l'éclatement de l'emploi continue. L'insécurité économique suit une dynamique désormais indépendante de celle du chômage. Bien qu'il baisse, elle augmente[36].

36. Ainsi, s'agissant des dernières données connues, selon l'enquête emploi de l'Insee, entre 2004 et 2005, le chômage a faiblement reculé (– 17 000 personnes), l'emploi statutaire (CDI et fonctions publiques) est resté inchangé, mais la précarité a forte-

Les « travailleurs pauvres »

Si la montée de la « nouvelle pauvreté » s'explique donc par la double progression du chômage et de la précarité, encore faut-il souligner que cette explication est partielle. Contrairement aux idées reçues en la matière, cela ne suffit pas à tout expliquer ; il s'en faut même de beaucoup. Depuis plus de vingt ans la part des salaires dans la richesse produite a, en France comme dans tous les pays européens, sensiblement reculé : le paupérisme s'explique tout autant par le développement des emplois à bas salaires et l'existence d'une population de « travailleurs pauvres[37] » que par d'autres facteurs. C'est une autre caractéristique de la wal-martisation, peut-être la plus cruciale.

Activité de la population vivant dans des ménages pauvres (définition française), 1996-2001[38]

		1996 (en milliers)	2001	Structure 2001 (en %)
1	Emploi salarié 12 mois	465	400	29,1
2	Emploi non salarié 12 mois	344	232	16,9
3 = 1 + 2	**Actifs occupés 12 mois**	**809**	**632**	**46**
4	Emploi salarié et chômage	413	368	26,8
5	Chômage 12 mois	502	373	27,2
Total	**Population active**	**1 724**	**1 373**	**100**

Sans doute, bon nombre d'actifs appartenant à des ménages « pauvres » alternent emploi, chômage et activités précaires, bref connaissent effectivement une précarité dans le travail. Mais ils ne sont pas nettement majoritaires. Ainsi, en 2001, près de 27 % des

ment progressé (+ 94 000 emplois, dont 56 000 dans le seul intérim), de même que le sous-emploi (+ 38 000).

37. Sur ce point, cf. MARUANI MARGARET, « Les *working poors*, version française », *Droit social*, mars 2003, qui comprend de plus une très complète bibliographie.

38. Source : rapport de l'Observatoire de la pauvreté, *op. cit.*, tableau 8, p. 30.

actifs pauvres n'ont connu que le chômage, tandis que d'autres, aussi nombreux, alternaient emplois précaires et chômage. En revanche, *près de la moitié occupaient un emploi stable, à temps plein ou à temps partiel, pendant toute l'année.*

La pauvreté de ces salariés et de leur famille provient donc bien des très bas revenus procurés par une activité pourtant exercée sans intermittence pendant toute l'année. Des rémunérations ne permettant pas de vivre décemment placent ces travailleurs – à 60 % des salariés – au-dessous du seuil de pauvreté.

Bas salaires, chômage et intermittence de l'emploi : voilà bien la hiérarchie, si l'on ose dire, des facteurs de paupérisation des personnes et de précarisation des conditions qu'il faut désormais avoir en tête : on ne peut plus ignorer la question salariale.

Ainsi beaucoup de Français qui ont un travail permanent ont-ils du mal à en vivre et à en faire vivre dignement leur famille : 15 % des salariés touchent le salaire minimum, 15 % une rémunération comprise entre le Smic et 1,3 Smic. Moins mal lotis, mais bien loin des catégories aisées, plus de 45 %, soit 8,5 millions de travailleurs, perçoivent de 1,3 à 2 Smic, soit entre 1 600 et 2 400 euros bruts par mois. À s'en tenir au seul niveau des salaires individuels, près des trois quarts des salariés apportent à leur famille un revenu inférieur à deux fois le salaire minimum.

Familles, isolé(e)s et dépendants : le rôle de la solidarité spontanée

Montée du chômage, précarisation de l'emploi, risque de faible rémunération, lacunes et insuffisances des institutions de la solidarité collective... Dans de telles conditions, on comprend que la structure familiale ait un rôle essentiel à jouer pour se prémunir de la pauvreté et de la précarité.

Et elle le joue. Les parentèles constituent pour leurs membres un rempart financier de premier rang ; les évolutions récentes montrent qu'elles se sont largement organisées pour et autour de cela.

Les ménages vivant en couple se protègent de l'insécurité en recherchant un double emploi, qui désormais se généralise.

Depuis 1975, la part des ménages dans lesquels toutes les personnes susceptibles de travailler ont un emploi progresse lentement mais avec constance, passant de 56,8 % à 67,8 % [...] Les ménages mixtes, composés d'au moins un travailleur et un inactif, sont donc quant à eux de moins en moins fréquents [...] Ce phénomène est caractéristique de l'ensemble des pays industrialisés [...] D'autre part, la montée du chômage sur longue période se traduit par une progression de la part des ménages où il n'y a que des chômeurs [...] ; au sein des familles monoparentales, la part des ménages sans emploi a fortement progressé (9,6 % à 25,8 %)[39].

La polarisation de l'emploi au sein des ménages salariés (en pourcentage), 1982-1990[40]

	1982	**1990**
Ménages dont la personne de référence vit en couple		
Deux emplois	53	62
Un emploi	44	34
Deux sans emploi	3	4
Ménages dont la personne de référence ne vit pas en couple		
Un emploi à temps plein	83	73
Un emploi à temps partiel	7	13
Sans emploi	1	5
Part des ménages dont la personne de référence ne vit pas en couple	26	33

À l'inverse, les familles monoparentales – soit, dans 85 % des cas, des femmes seules avec enfants –, dont le nombre a quasiment doublé depuis 1975, subissent directement la montée du temps partiel et du chômage et plus généralement la précarité. Il en va de même, mais dans une bien moindre mesure, des personnes isolées, qu'elles soient célibataires ou séparées. Comme l'écrit euphémiquement l'Insee, « cette polarisation de l'emploi au sein des couples, qui semble être une tendance structurelle, contribue à renforcer les inégalités de revenus initiaux ».

39. Sur ce point, cf. RAVEL CLAIRE, « 1975-2002, la part du nombre de ménages sans emploi a doublé », *Insee Première*, n° 998, janvier 2005.
40. Source : *France, portrait social 2000-2001*, Insee, *op. cit.*, tableau 4, p. 119.

Que la situation familiale soit, après le rapport à l'emploi, l'un des déterminants forts des situations de précarité et que la rupture des couples soit un puissant facteur de paupérisation, cela se lit depuis l'origine dans la structure même de la population des allocataires du RMI : les ménages complexes – trois générations sous un même toit, par exemple – et monoparentaux y sont quatre fois plus nombreux que dans l'ensemble de la population[41].

Il faut, à cet égard, souligner combien les évolutions individualistes récentes de la famille – l'importance accrue de l'électivité personnelle, la moindre durée corrélative des couples et par conséquent, la probabilité accrue de plusieurs « vies » familiales successives – ont engendré des fragilités particulières au sein des couches populaires. Comme l'indique avec force Louis Chauvel :

> [...] de nombreuses innovations des classes moyennes [...] n'ont en rien servi le bonheur des groupes sociaux plus modestes lorsqu'elles se sont diffusées vers eux. Il en est ainsi des nouvelles formes familiales, comme par exemple la fondation de familles recomposées. Pour les inventeurs de cette nouvelle structure complexe [...] il peut s'agir d'un véritable enrichissement, à condition de disposer des moyens permettant d'entretenir ce réseau. [...] Une telle innovation sociétale dans des contextes économiques et sociaux moins affermis peut au contraire avoir des effets délétères en raison des souffrances et des frustrations permanentes liées à l'incapacité à vivre au jour le jour une structure exigeant un luxe de moyens[42].

Dès lors que les ressources et la taille du logement ne le permettent pas, cette individuation accrue débouche sur l'isolement de vies séparées. Ainsi, la famille monoparentale est-elle pour les couches populaires le pendant de la famille recomposée. Avec, au bout du compte – outre les souffrances personnelles, notamment pour les enfants –, cette différence : la difficulté matérielle pèse quasi exclusivement sur les femmes.

---

41. Cf. LHOMMEAU BERTRAND, « Les allocataires du RMI », *Économie et statistique*, n° 346-347, Insee, janvier 2002.
42. CHAUVEL LOUIS, *op. cit.*, p. 98-99.

Au total, et cela vaut pour l'ensemble des pays européens comme pour la France, « le fait de vivre au sein d'une structure familiale apporte au chômeur près de la moitié de ce qu'il pourrait percevoir s'il retrouvait un emploi[43] ». Encore cette prise en charge est-elle étroitement fonction de la position du chômeur dans la structure familiale : minimale (moins de 4 %) pour les personnes isolées, faible pour les familles monoparentales (19 %), elle est essentielle (près de 60 %) pour les jeunes cohabitant encore dans leur famille.

Premier rempart pour ceux qui la composent, la famille est donc aussi premier recours pour ses dépendants, désormais les jeunes, dont le maintien plus tardif en scolarité et en cohabitation, particulièrement marqué chez ceux qui sortent sans diplôme de l'enseignement, fait figure de véritable rétention scolaire et familiale. Mais, plus largement, recours aussi parce que les différents éléments qui qualifient l'entrée dans la vie adulte[44] se détachent les uns des autres depuis le milieu des années 1970. Alors même que l'âge de fin d'études n'a cessé de s'élever, la période de transition qui sépare celle-ci de la naissance du premier enfant, et au sein de laquelle se situe l'insertion professionnelle, s'allonge depuis cette date. Aujourd'hui, elle se déroule généralement entre 20 et 29 ans[45]. S'est ainsi trouvée retournée une évolution de sens contraire qui, entre allongement de la durée de scolarité et abaissement de l'âge au mariage, avait conduit à sa compression pendant l'ensemble des Trente Glorieuses.

Ainsi émerge cette invention de notre temps : une période intermédiaire et composite de post-adolescence semi-autonome durant laquelle les jeunes ne sont pas encore pleinement des adultes, ne parvenant pas à trouver leur indépendance économique. Pendant cette

---

43. EKERT-JAFFE OLIVIA et TERRAZ ISABELLE, « L'État et la structure familiale sont-ils substituables dans la prise en charge des chômeurs en Europe ? », Insee, *Économie et statistique*, mai 2006. Soit, que l'on comprenne bien : la moitié de la différence entre le salaire espéré et le montant des allocations servies par l'assurance chômage ou l'État.
44. Sur ce point, cf. « L'entrée dans la vie adulte », in *Les Jeunes, portrait social*, Insee, septembre 2000, p. 20-21.
45. Il s'agit ici d'âges médians : la moitié des jeunes gens ont un premier enfant avant 29 ans, l'autre moitié après.

« adulescence » de plus en plus longue – notamment depuis la suppression, en 1991, de l'allocation d'insertion –, l'aide matérielle des parents est déterminante. Elle représente en moyenne 14 % du niveau de vie des jeunes ménages, 36 % pour ceux dont la personne de référence a moins de 25 ans[46]. Les difficultés des enfants pèsent d'abord sur leur famille.

Par définition, cette protection connaît des limites étroites et ne peut permettre de s'évader de l'ordre social des choses. Même, elle le renforce : alors que les problèmes d'insertion que rencontrent les jeunes sont d'autant plus grands qu'ils sont d'origine modeste, l'aide que leur famille peut leur procurer est d'autant plus faible. Qu'ils soient sans diplôme et sans qualification reconnue avec une insertion professionnelle incertaine – le taux de chômage chez les moins de 25 ans des zones urbaines sensibles est de 50 %[47] – et que la situation familiale soit fragile ou les ascendants eux-mêmes en grande difficulté au regard de l'emploi, et il n'y a alors plus guère d'autre recours que le groupe des pairs et la débrouille du *business*.

La condition précaire

Si l'on prend en compte le standard européen – 60 % du niveau de vie médian soit, pour 2004, 788 euros par mois et par personne –, le Smic net pour un temps plein étant à cette date légèrement inférieur à 1 100 euros –, il est relativement aisé de calculer qu'en France est pauvre :

– toute personne seule dont le revenu est inférieur aux trois quarts d'un Smic à plein temps ;

– tout ménage ayant un revenu égal ou inférieur au Smic ;

– tout couple ayant au moins un enfant qui ne perçoit pas plus de 1,3 Smic ;

46. « L'entrée dans la vie adulte », *op. cit*, p. 92-93.
47. Selon l'exposé des motifs de la loi de programmation pour la cohésion sociale. Le rapport du CAE précité donnait quant à lui un chiffre de 38 % pour 1999, s'élevant à 40 % pour les jeunes Français par acquisition et à 48,4 % pour les jeunes étrangers non européens.

– tout couple ayant au moins deux enfants qui perçoit moins de 1,7 Smic.

C'est dans cet espace des revenus familiaux inférieurs à 1,7 Smic – que cette situation soit le résultat de deux personnes percevant chacune sensiblement moins que le Smic ou d'une seule dont le salaire est à ce niveau –, que se situe la zone du risque de pauvreté financière pour la plupart des situations familiales habituelles.

Or, en termes de salaire individuel, cette zone est exclusivement celle des ouvriers et des employés, dont la rémunération se trouve très sensiblement au-dessous de cette limite ; ce n'est le cas d'aucune autre catégorie sociale.

En témoigne clairement le nombre d'heures de travail nécessaires à chaque groupe, compte tenu du salaire horaire moyen qui est le sien, pour atteindre le seuil de pauvreté. Pour ne prendre que le cas relativement fréquent de familles ayant un enfant : les ouvriers et les employés doivent travailler de 36 à 37 heures par semaine pendant toute l'année ; un travail permanent à temps plein est donc pour eux une nécessité absolue. En revanche, il suffit aux professions intermédiaires de travailler huit mois à 35 heures ; et de quatre mois pour les cadres !

Les salaires horaires nets par catégorie sociale en 2004[48]

	Salaire horaire net (en euros)	Smic = 100	Heures annuelles de travail nécessaires pour atteindre le seuil de pauvreté pour un couple avec un enfant[49]
Cadres	23,47	402	615
Professions intermédiaires	12,26	210	1 178
Employés	8,60	148	1 679
Ouvriers	8,92	153	1 620
Smic	5,83	100	2 478

48. Source : *Les Tableaux de l'économie française 2005-2006*, Insee.

49. On a retenu ici comme point de référence une famille ayant un enfant de moins de 14 ans. Dans cette configuration familiale, le seuil européen de pauvreté est actuellement de 1 393 euros par mois. Le calcul des heures sur l'année est fait sur la base de 45 semaines ouvrées.

Les différentes catégories sociales sont ainsi intrinsèquement placées dans une inégalité de condition au regard du risque de pauvreté.

Pour les couches populaires, toute fragilisation de l'emploi fait courir le risque de tomber en pauvreté, et la fondation d'une famille rend indispensable un deuxième salaire si l'on veut pouvoir vivre décemment. Tout aléa est une catastrophe financière. Pour les familles d'ouvriers et d'employés, la précarité de condition est la norme, la pauvreté un horizon.

Les autres groupes sociaux peuvent, certes, être fragilisés par ces mêmes phénomènes, mais ils n'entraînent pour autant pas, du moins pas immédiatement, une véritable précarité. Pour eux, la pauvreté n'est pas un risque permanent qui structure les comportements. Si elle survient, c'est au terme d'un déclassement, accident toujours possible, mais qui suppose réunis une série d'événements relativement exceptionnels.

Aussi ne faut-il guère s'étonner qu'au regard de la pauvreté de la période précédente, qui avait pu être jugée quasi héréditaire, la pauvreté actuelle fasse contraste : elle est le plus souvent transitoire. Un peu plus de deux personnes pauvres (au seuil de 50 % des ressources médianes) sur cinq ne le sont plus l'année suivante : il y a désormais une très forte mobilité dans la pauvreté.

C'est encore plus vrai lorsque l'on considère cette mobilité ellemême. Ainsi, les trois quarts des personnes tombées en situation de pauvreté une année en sortent dans les deux qui suivent : la moitié la première année, le quart la seconde. Mais, à l'inverse, la moitié de ceux qui sortent ainsi de la pauvreté y retombent dans les deux ans : un quart la première année, l'autre quart la seconde. Il y a une récurrence massive de la pauvreté : transitoirement transitoire, en quelque sorte, elle est un risque permanent.

Tout autant qu'une réalité, la pauvreté est aujourd'hui un horizon proche pour tous ceux qui en habitent les franges. Et ils sont très nombreux. Le fait que 3,6 millions de personnes vivent dans l'interstice des 130 euros mensuels qui sépare le seuil « français » de pauvreté – fixé à 50 % du revenu médian – et le seuil « européen » – fixé à 60 % –

« indique, comme l'écrit l'Insee, une forte concentration de la population pauvre à des niveaux de vie proches du seuil de pauvreté à 60 %[50] ». Au bord de la pauvreté, une très importante partie de la population se trouve en difficulté matérielle permanente, en situation précaire.

Ainsi, au-delà des situations de pauvreté proprement dite, qui peuvent apparaître relativement transitoires pour beaucoup, une certaine permanence semble au contraire s'attacher aux situations qui leur sont contiguës mais immédiatement supérieures en termes financiers, échappant ainsi au dénombrement direct des pauvres.

Or il n'existe pas de différence fondamentale entre une famille dont le revenu est inférieur d'un euro au seuil de pauvreté et une autre dont le revenu lui est supérieur d'un euro. Voilà d'ailleurs une réalité très générale. Comme l'indique Marie-Thérèse Join-Lambert en préfaçant l'analyse d'une enquête sur les sans-abri :

> Tous les travaux sociologiques français et étrangers récusent le raisonnement qui consiste à opposer les caractéristiques des pauvres à celles de la population [...] Les sans-domicile ne constituent pas un monde coupé de la société. Près du tiers ont un travail, majoritairement dans des métiers ouvriers et employés sans qualification [...] Ils ont des caractéristiques proches de celles des autres personnes médiocrement logées [...] [Ils] constituent un cas particulier au sein d'un problème plus général. C'est la faiblesse de leurs ressources qui les empêche d'accéder à un logement indépendant [...] L'hypothèse d'un continuum des situations entre sans-domicile et populations mal logées et celles disposant de bas revenus se trouve confirmée[51].

Ainsi, une part très importante de la population vit en permanence sur le fil du rasoir, connaît des difficultés sans jamais en voir la fin, ni même pouvoir l'espérer. Elle est, au sens propre, en *condition précaire*, courant en permanence un risque de paupérisation. Qu'un

---

50. DEMAILLY DOMINIQUE et RAYNAUD ÉMILIE, « Revenus et pauvreté depuis 1996 », *op. cit.*, p. 14.
51. JOIN-LAMBERT MARIE-THÉRÈSE, « Une enquête d'exception », *Économie et statistique*, n° 391-392, Insee, octobre 2006.

accident de vie, de santé, ou professionnel survienne, et la vie bascule. Qu'un salaire fasse défaut, ou qu'un enfant naisse, et l'on s'enfonce.

Il n'y a pas de hiatus entre les couches populaires et les pauvres ; seulement le continuum de situations immédiatement proches. Selon le dictionnaire *Le Robert*, le mot « précaire » signifie : dont « l'avenir, la durée, la solidité ne sont pas assurés ; qui peut à chaque instant être remis en question. Qui, donc, est incertain, instable ». Nous y sommes ; c'est bien ce dont il s'agit.

Il est, au total, difficile de donner une véritable image d'ensemble de tous ceux qui, d'une façon ou d'une autre, voient leur vie profondément marquée par la pauvreté ou la précarité de leur condition. Compte tenu de ce qui vient d'être dit, il faudrait en effet pour cela savoir tracer une frontière entre ceux qui sont en risque important de connaître la pauvreté et ceux pour qui ce risque est faible ou inexistant, ce n'est pas le cas. Faute de cela, on ne peut donc que tenter une estimation indicative.

Mais on peut néanmoins tenter de s'évader de la mesure unique par le revenu, en s'appuyant sur les différentes enquêtes menées par l'Insee sur les conditions de vie. Grâce à cela, en donnant une image plus complexe, on peut se risquer à une évaluation.

Difficultés ressenties dans les conditions de vie (en % de la population) [52]

Contraintes budgétaires Situation actuelle : doit s'endetter	11
Le revenu permet de vivre difficilement ou très difficilement	14
Aucune épargne à disposition	26
Doit recourir aux économies	22
Revenu égal ou inférieur au revenu minimum nécessaire	36
Restrictions de consommation Ne peut payer une semaine de vacances par an	30

52. Données provenant de l'enquête de l'Insee sur les conditions de vie telle qu'elle a été exploitée pour le rapport de l'Observatoire de la pauvreté de 2004 et sur celles du panel européen sur les conditions de vie. Sur ce point, voir Fall Madior et Verger Daniel, « Pauvreté relative et conditions de vie en France », Insee, *Économie et statistique* n° 383-385, Insee, décembre 2005.

Entre chômage, sous-emploi, incertitude de l'activité et précarité financière des « travailleurs pauvres », c'est très vraisemblablement entre le quart et le tiers de la population, entre 15 et 20 millions de personnes – 7 millions de pauvres et 8 à 12 millions de précaires – qui ont, de façon durable, des conditions de vie marquées du sceau de l'extrême difficulté. Aujourd'hui, près de 30 % des Français ont un niveau de vie individuel inférieur ou au mieux égal à 1 000 euros par mois. La pauvreté n'est que la partie émergée du vaste iceberg nommé précarité.

Voilà où nous en sommes.

CHAPITRE 4. LE MODÈLE FRANÇAIS EN QUESTION ?

Que la crise sociale ouverte que nous connaissons ait pu, par son ampleur et sa durée, devenir une crise de société ; que ses caractéristiques et le fait qu'elle frappe électivement les couches populaires autorise à y lire le retour de situations que l'on pouvait croire définitivement dépassées et propres au XIXe siècle, un retour donc de la question sociale, voilà qui ne peut manquer de faire problème. Car ce qui est en cause, ce n'est pas tel ou tel aspect particulier et en définitive subsidiaire du fonctionnement de notre société, c'est l'ensemble de ses institutions et de ses règles : notre modèle social en son entier.

D'où que l'on vienne et quoi que l'on veuille, ce constat semble en effet faire désormais l'objet d'un très large accord, jusqu'à devenir une nouvelle idée reçue. Comme l'indiquent les principaux titres de l'abondante littérature qui fleurit à ce sujet depuis quelque temps, il est ainsi admis que notre modèle social est « en crise », que l'on ne sait plus « où il va », peut-être même, d'ailleurs, faudrait-il « le brûler ». Bref, on s'interroge : la France serait-elle « en panne »[1] ?

Mais une formulation aussi générale ne va pas sans difficulté : si tout est en question, comment et à partir de quoi appréhender cette totalité, comment la saisir pour essayer de trouver réponse à ce qui fait problème ? Que l'on veuille provoquer la « rupture » ou

1. De cette abondante littérature, on n'a ici retenu ici que quelques références, celles qui nous sont apparues les plus intéressantes, soit, respectivement : « La crise du modèle français », *Alternatives économiques*, n° 238, juillet-août 2005, et « Où va le modèle français », *Alternatives économiques*, n° 247, mai 2006. LEFEBVRE ALAIN et MÉDA DOMINIQUE, *Faut-il brûler le modèle social français ?*, Paris, Le Seuil, mars 2006. BONAZZA PATRICK, *Précarité, chômage, exclusion, la France en panne ?*, Paris, Milan, coll. « Actu », 2006.

susciter le changement, il faut pouvoir s'étayer du réel si l'on espère le transformer : « C'est quoi, au fait, le modèle social français[2] ? »

Quelle que soit la façon dont on cherche à en saisir les différents aspects, et quelque proposition que l'on mette en avant, on en revient toujours à ce même et unique argument central, qui résume tout et prouve qu'échec avéré il y a : le chômage massif. Comme l'écrit le journaliste Patrick Bonanza, de manière assez illustrative de cette démarche :

> [...] le modèle social français est proche de l'implosion. Il existe bien des moyens d'améliorer le fonctionnement de l'assurance maladie, ou de sauver définitivement le régime des retraites. Mais si le pays ne terrasse pas le chômage, s'il ne réussit pas à mettre sa population au travail, ces efforts ne suffiront pas. La république sociale se reconstruira d'abord autour de l'emploi[3].

Surtout, et c'est décisif aux yeux des analystes, notre niveau de chômage est donné pour plus élevé que celui des autres pays européens. Dès lors, comme écrit dans *Le Monde* : « Le cancre français lorgne sur ses voisins[4] ».

Ainsi, d'autres pays – comparables au nôtre – connaissent un sort plus enviable ; qu'ont-ils donc que nous n'avons pas, ou, à l'inverse, pour ceux qui veulent faire table rase, qu'avons-nous donc dont ils ont su heureusement se passer ?

L'interrogation se mue alors rapidement en amour, souvent inconsidéré, du modèle des autres. Mais, s'il est indispensable d'être lucides sur nous-mêmes – et le constat dressé dans les chapitres précédents peut difficilement passer pour complaisant –, il ne l'est pas moins de le demeurer lorsque nous nous comparons. Sévères non sans quelque raison envers ce que nous sommes, pourquoi nous faudrait-il avoir les yeux de Chimène pour ce que sont les autres ?

---

2. Interrogation qui fait le titre de la une du *Monde de l'économie* du 4 octobre 2005.
3. Bonazza Patrick, *Précarité, chômage, exclusion, la France en panne ?, op. cit.*, p. 85.
4. Titre du *Monde de l'économie* du 25 janvier 2005.

Ailleurs, c'est mieux...

On connaît depuis déjà bien longtemps ce petit jeu des comparaisons. Hier les « miracles » japonais puis italien, avant-hier les modèles rhénan, puis suédois, néerlandais ou britannique, ont pu faire figure d'exemples dont la France aurait eu profit de s'inspirer. Aujourd'hui, comme on le sait, c'est le modèle danois de la flexsécurité qui fait florès. Demain...

Il est toujours instructif de confronter des réalités différentes pour essayer d'en tirer des leçons ; il n'en demeure pas moins le plus souvent difficile d'extraire sans précaution excessive un élément de son contexte. Comme le rappelle à juste titre la philosophe Dominique Méda, il est délicat de faire une « utilisation rationnelle des comparaisons[5] ». Les « modèles sociaux » sont des systèmes complexes, issus d'une histoire, d'une culture et de rapports de force, fixés dans des institutions et des règles de droit ou de fait ; ils ne sont pas, ils ne sont jamais de simples accumulations d'éléments qu'il serait aisé d'isoler et de copier là pour coller ici. Il est indispensable de s'interroger sur les conditions de la transposition. En ce domaine comme en tout autre, comparaison n'est pas raison.

Le « cancre français »

À ne s'en tenir qu'à eux, les chiffres du chômage apparaissent accablants et sans appel. Les statistiques sont formelles : la France est bien le cancre de l'Europe des Quinze, comme de l'ensemble des pays développés membres de l'OCDE (Organisation de coopération et de développement économiques). Il n'est guère que la Grèce pour connaître une situation tout juste plus défavorable.

On conçoit aisément que, face à une telle réalité, il faille s'interroger sur les raisons pour lesquelles notre pays fait une triste

5. Lefebvre Alain et Méda Dominique, *Faut-il brûler le modèle social français ?, op. cit.*, p. 41-55.

lanterne rouge dans un domaine aussi crucial. D'autres pays, pourtant pas nécessairement dans des situations *a priori* plus enviables, font mieux, bien mieux. Tous, au demeurant, doivent affronter la tourmente de la mondialisation, qui ne peut donc servir d'excuse. S'il en est ainsi, il faut en conclure que notre modèle est particulièrement inefficace. Comme l'écrit Dominique Méda, cette comparaison « met en évidence la très mauvaise situation – et même l'exception – française[6] ». L'Espagne, longtemps en queue de peloton, a connu une spectaculaire réduction de son chômage ; quant à la Grèce, d'année en année, elle améliore ses résultats ; et la situation de l'Allemagne s'explique largement par les difficultés d'intégration des Länder de l'Est. « La France est donc d'une certaine manière la seule à ne pas avoir d'excuse », insiste Dominique Méda.

Elle en a d'autant moins que le taux d'emploi de notre pays est parmi les plus faibles et confirme ainsi que mauvaise performance il y a. Une explication s'impose ici. Le taux d'emploi connaît actuellement une très large faveur dans les comparaisons internationales faites par l'Union européenne et l'OCDE ; il en est même devenu le principal indicateur de performance. Rapport entre la population âgée de 15 à 64 ans occupée et la population totale, il donne une mesure de la « mobilisation de la main-d'œuvre » faite dans une société au profit de son économie. Donnée relativement fruste, elle permet des comparaisons plus robustes que celles qu'autorise le taux de chômage, toujours dépendant de différences culturelles ou institutionnelles qui les rendent délicates[7].

6. Lefebvre Alain et Méda Dominique, *Faut-il brûler le modèle social français ?*, *op. cit.*, p. 14.
7. Pour ne donner qu'un exemple bien connu de cette difficulté, le chômage est au Japon un sujet de honte sociale pour ceux qui s'y trouvent, aussi le chiffre des chômeurs ne donne-t-il qu'une très faible mesure de la réalité ; seule sa variation donne une indication véritablement utilisable.

Les taux de chômage et d'emploi (en % de la population active) en 2005 [8]

Pays	Taux de chômage	Taux d'emploi
Irlande	4,3	67,6
Luxembourg	4,5	63,6
Pays-Bas	4,7	73,2
Royaume-Uni	4,7	71,7
Danemark	4,8	75,9
Autriche	5,2	68,6
Portugal	7,6	67,5
Italie	7,7	57,6
Suède	7,8	72,5
Belgique	8,4	61,1
Finlande	8,4	68,4
Espagne	9,2	63,3
Allemagne	9,5	65,4
France	9,7	63,1
Grèce	9,8	60,1
Japon	4,4	68,7
Norvège	4,6	74,8
États-Unis	5,1	71,2

Au-delà du seul chômage, et en combinant les deux critères, une hiérarchie des pays semble ainsi bien établie :

– en tête du peloton, ceux qui réussissent la double performance d'un taux d'emploi élevé (de l'ordre de 70 % à 75 %) et d'un faible chômage (inférieur ou de l'ordre de 5 %) : le Danemark, la Norvège, le Royaume-Uni, les États-Unis et les Pays-Bas ;

– en queue, tous ceux qui ont un faible taux d'emploi (inférieur à 66 %) et un chômage important (plus de 7 %) : Grèce, Espagne, Italie, Portugal, France, Allemagne, Belgique ;

8. Source : Eurostat.

– entre les deux, des situations relativement difficiles à classer, puisque tout dépend du poids que l'on donne à chacun des deux critères. Comment, par exemple, départager l'Irlande – faible chômage, mais faible taux d'emploi – de la Suède – chômage significatif, mais très fort taux d'emploi ?

De cet examen, on retient habituellement – et pour notre part, provisoirement – que s'opposent ainsi terme à terme deux modèles performants, les modèles anglo-saxon et nordique, et deux modèles inefficaces, le modèle méditerranéen, qui s'étend aussi, dans des modalités atténuées, aux pays de l'Europe continentale. La France fait bien partie de ceux-là.

La réévaluation de la stratégie de l'OCDE

Devant un tel classement, si la France s'avoue le cancre, le Danemark fait aujourd'hui figure de premier de la classe. Bien qu'il apparaisse performant, et depuis longtemps, le « modèle anglo-saxon » a, en effet, très mauvaise presse car il repose sur de très fortes inégalités de revenus. Difficile, dans ces conditions, de le citer en exemple. C'est pourtant ce qu'a pendant longtemps fait l'OCDE.

L'Organisation de coopération et de développement économiques a été créée en 1961, quand elle a succédé à l'Organisation européenne de coopération économique, mise en place à la Libération pour administrer l'aide des États-Unis et du Canada dans le cadre du plan Marshall.

L'OCDE regroupe aujourd'hui les trente pays les plus développés de la planète « tous attachés à la démocratie et à l'économie de marché ». Comme l'indique la page d'accueil de son site Internet, l'organisation « joue un rôle phare en favorisant la bonne gouvernance des secteurs public et privé. Grâce à sa surveillance structurelle, elle permet de maintenir compétitifs les secteurs économiques clefs. Par son travail sur les questions émergentes et en identifiant les politiques qui marchent, elle permet aux décideurs d'adopter des orientations stratégiques [...] Dialogue, consensus et pression par les pairs sont au cœur de l'OCDE ».

Bref, « politiques qui marchent (*sic*) » et « pression par les pairs » aidant, l'organisation est l'un des principaux arbitres des élégances de la pensée économique libérale dominante ; ses recommandations sont écoutées.

S'agissant de l'emploi et de la lutte contre le chômage, l'OCDE a ainsi été l'un des fers de lance de la « réforme structurelle du marché du travail », c'est-à-dire de sa libéralisation. En 1994, les pays membres avaient approuvé dix grandes orientations en vue de lutter contre un chômage « élevé et persistant », dont les plus remarquables étaient :

– « Accroître la flexibilité du temps de travail dans le cadre de contrats conclus de gré à gré entre travailleurs et employeurs » ;

– « Créer un climat favorable à l'entreprise en éliminant les obstacles et les entraves à la création et au développement des entreprises » ;

– « Accroître la flexibilité des coûts salariaux et de main-d'œuvre en supprimant les contraintes qui empêchent les salaires de refléter les conditions locales... » ;

– « Développer la concurrence sur les marchés des produits de manière à réduire les tendances monopolistiques et à atténuer l'opposition entre travailleurs intégrés et exclus... »

Une dizaine d'années après, l'OCDE révisait son credo[9] et remplaçait le taux de chômage par le taux d'emploi comme indicateur privilégié. Elle a ainsi dû admettre que « l'expérience des deux dernières décennies révèle qu'il n'existe pas une combinaison unique de politiques et d'institutions permettant d'assurer durablement un bon fonctionnement du marché du travail ». L'organisation reconnaît désormais que « deux types d'approches ont fait la preuve de leur efficacité ».

D'un côté, un certain nombre de pays[10] « associent de faibles niveaux de prestations sociales et des cotisations modérées pour

---

9. « Stimuler l'emploi et les revenus ; les leçons à tirer de la réévaluation de la stratégie de l'OCDE pour l'emploi », OCDE, 2006.

10. Australie, Canada, Corée, États-Unis, Japon, Nouvelle-Zélande, Royaume-Uni, Suisse.

financer ces prestations, ainsi qu'une législation du travail peu contraignante. Dans ces pays, les conventions collectives jouent un rôle limité. Il en résulte des taux d'emploi élevés, un faible coût pour les finances publiques, mais aussi des disparités de revenu relativement fortes ».

De l'autre[11], « de bons résultats ont aussi été obtenus par d'autres pays qui se caractérisent par un large recours à la négociation collective et au dialogue social, ainsi que par des prestations sociales généreuses mais qui mobilisent les demandeurs d'emploi en les soumettant à des obligations rigoureuses [...] Les niveaux d'emploi sont élevés et les disparités de revenu sont faibles mais les coûts budgétaires induits sont importants ».

Il y a ainsi désormais deux modèles reconnus comme exemplaires[12] : un modèle s'avouant résolument libéral, et un autre, libéral peut-être, mais d'abord soucieux de cohésion sociale. Aucun n'est le nôtre.

La miraculeuse « flexsécurité »

Le modèle danois, ainsi adoubé par les instances internationales, fait figure d'exemple à suivre pour tous ceux que rebute le système anglo-saxon et ses inégalités. Aux yeux des observateurs, la flexsécurité présente, en effet, trois vertus.

La première est assurément la flexibilité et la mobilité de sa population active : « 600 000 à 700 000 personnes changent effectivement d'emploi chaque année, soit 27 % en 2003[13] », et 30 % si l'on compte les transferts au sein d'une même entreprise.

---

11. Autriche, Danemark, Irlande, Pays-Bas, Suède.
12. Ce qui fait d'ailleurs s'interroger sur les raisons de la présence de l'Irlande dans ce groupe de pays, d'autant que son niveau de dépenses sociales n'apparaît pas particulièrement généreux...
13. Rapport d'information sur le marché de l'emploi au Danemark, présenté par Pierre Méhaignerie, commission des Finances, de l'Économie générale et du Plan, Assemblée nationale, 9 novembre 2004.

Surtout, le licenciement ne rencontre que peu d'obstacles. Les préavis sont fixés par les accords collectifs et non par la loi : ils sont par exemple de cinq jours pour un ouvrier du bâtiment ayant six années d'ancienneté, et les coûts pour l'employeur sont faibles. Dans les évaluations faites par l'OCDE de la « rigueur globale de la réglementation », le Danemark est noté 1,8, alors que la France obtient une (mauvaise) note de 2,9, contre 1 au Royaume-Uni, référence incontestée en la matière.

La deuxième est une indemnisation des périodes de chômage suffisante pour assurer une véritable sécurité matérielle. Les allocations sont versées pendant quatre ans, sans dégressivité, dans la limite de 90 % du salaire brut et un plafond équivalent à 22 900 euros par an. La première année est libre de toute contrainte ; mais, pendant les trois suivantes, le chômeur doit répondre à un certain nombre d'obligations de recherche d'emploi et en rendre compte. Il est alors tenu de suivre des formations, d'accepter une reconversion ou de reprendre un travail correspondant à sa qualification dans un périmètre correspondant à quatre heures de transport par jour. À défaut, l'allocation est réduite et peut même être supprimée. Les chômeurs ainsi pris en charge représentent environ 90 % des demandeurs d'emploi.

Ces indemnités sont versées sous condition d'affiliation préalable à une caisse d'assurance chômage pendant un an et une durée antérieure de travail salarié d'au moins 52 semaines au cours des trois dernières années, et sous réserve de l'inscription auprès de l'agence nationale pour l'emploi. Les nouveaux diplômés obtiennent le droit aux indemnités journalières – qui s'élèvent alors à 82 % du taux maximum – un mois après avoir terminé leurs études. Après quatre ans, comme pour les 10 % des chômeurs non indemnisés, un système d'aide sociale assure la relève.

La troisième vertu majeure du dispositif, et non la moindre, est l'« activation », c'est-à-dire la politique d'accompagnement des chômeurs par l'agence danoise pour l'emploi. Cet organisme compte 21 000 agents, approximativement un pour neuf chômeurs ; un taux d'encadrement similaire supposerait en France que l'ensemble des institutions intervenant sur le marché du travail disposent d'environ 250 000 agents, quand l'ANPE n'en a aujourd'hui que 28 000 !

Quant à la dépense pour l'emploi, elle représentait au Danemark en 2004[14], 4,49 % du PIB, contre 2,69 % en France – et... 0,81 % au Royaume-Uni. Si la France voulait réaliser un effort par chômeur identique à celui du Danemark[15], il lui faudrait y consacrer 7,84 % de sa richesse nationale, presque trois fois plus qu'aujourd'hui !

Le modèle danois revisité

Si la comparaison présente un intérêt certain, elle n'en demeure pas moins à manier avec précaution, dès lors que l'on prétend importer ce modèle. La simple évaluation grossière de l'effort financier qu'une telle transposition représenterait, à laquelle on vient de se livrer, indique les difficultés que cette ambition ne manquerait pas de rencontrer. Le récent rapport parlementaire de Pierre Méhaignerie témoigne à quel point les analystes français n'ont pas toujours su faire preuve de cet indispensable recul.

> Existe-t-il un miracle danois ? Comment un pays [...] a-t-il pu mener une politique [...] de réduction du taux de chômage [...] et parvient-il dans le même temps à concilier un niveau élevé de protection sociale, un dialogue social permanent et une modulation des âges de départ en retraite avec un système d'économie de marché et un libéralisme économique ? [...] Comment peut-on expliquer une telle expansion dans un pays où plus de 80 % des salariés sont syndiqués, où la couverture sociale est unifiée ? [...] Comment un des systèmes les plus protecteurs en matière de chômage ne constitue-t-il pas une désincitation au travail[16] ?

14. Selon « Perspectives de l'emploi de l'OCDE », OCDE, 2006.
15. Selon la règle de 3 suivante : 4,49 % du PIB pour un chômage de 5,5 % (taux de chômage danois en 2004), représentent, pour un chômage de 9,6 % (celui de la France en 2004), une dépense de l'ordre de (4,49/5,5) × 9,6 = 7,84 % du PIB.
16. Rapport parlementaire précité.

Comment, en somme, ne pas vouloir être danois ? Nous nous bornerons ici à indiquer deux restrictions à ce bilan, décidément trop laudatif et sans nuances pour être parfaitement exact.

La première tient à l'examen unilatéral qui est ainsi fait de la mobilité danoise : 30 %, c'est donc bien. Que dire alors de 40 % ? Sans doute, selon cette approche, que c'est encore mieux ! Or ce chiffre est celui de la mobilité française dans l'emploi ; il n'a rien de secret, il s'agit d'une donnée statistique publiée chaque trimestre, et de très longue date, par le ministère de l'Emploi[17]. De façon à peu près constante, le taux de rotation[18] des salariés français du secteur privé est, en effet, de l'ordre de 10 % par trimestre, soit quelque 40 % sur l'année. Deux sur cinq changent d'emploi dans l'année, contre un sur trois seulement au Danemark.

On peut sans doute objecter que le secteur public, au taux de rotation quasiment nul, est beaucoup plus important en France qu'au Danemark. Sa prise en compte amène, en définitive, à un taux de rotation d'ensemble de 30 %. Les situations apparaissent ainsi identiques dans les deux pays, alors même que cette donnée n'intègre, en France, ni les entreprises de moins de dix salariés du secteur privé ni l'intérim. L'estimation est donc faite par défaut. Quoi qu'il en soit, la mobilité dans l'emploi est donc au moins aussi élevée en France qu'au Danemark.

Si cette réalité n'est jamais rappelée, c'est sans doute que, dans ce discours sur l'exemplarité de la flexibilité à la danoise, ce n'est pas tant la mobilité qui est visée, que son autre versant : les règles juridiques ou contractuelles qui protègent les salariés, en particulier contre le licenciement. On ne disconviendra pas qu'elles soient plus protectrices pour les salariés – et plus contraignantes pour les

---

17. Dernière publication en date à la veille de la parution de ce livre : « Les mouvements de main-d'œuvre au troisième trimestre 2005 », Premières informations, Dares, ministère de l'Emploi, septembre 2006.
18. Le taux de rotation est défini comme la demi-somme du taux d'entrée et du taux de sortie. Pour un trimestre donné, le taux d'entrée (respectivement, de sortie) est le rapport entre le nombre total d'entrées (respectivement des sorties) du trimestre et l'effectif du début de trimestre.

employeurs – en France qu'au Danemark. Vouloir reprendre le modèle danois pour la flexibilité qu'il autorise, c'est donc vouloir les abolir ou les réduire ; autant le dire clairement et, éventuellement, l'assumer.

La seconde remarque tient au parfait faux-semblant que représente le taux de chômage danois. Car, au Danemark aussi, les situations hybrides se sont multipliées, et l'on a vu se constituer un véritable « halo » autour du chômage.

Les situations de retrait de l'activité et d'emplois aidés au Danemark (en milliers) en 2003[19]

Congés maladie et invalidité	77
Retraites anticipées	260
Chômeurs en aide sociale	138
Ensemble des retraits d'activité	**475**
Retraites anticipées à temps partiel	185
Chômeurs en activation	38
Stagiaires	32
Réinsertion	33
Ensemble des situations d'activation	**288**
Chômeurs	**190**

On peut sans doute discuter très longuement de la nature exacte de ces diverses situations, il n'en demeure pas moins qu'elles représentaient au total quelque 760 000 personnes en 2003, pour 190 000 chômeurs officiellement recensés.

Si l'on se limite à ce qui peut apparaître comme une forme très directement déguisée de chômage, par le biais de ce qui constitue un pur et simple retrait de la population active, on peut alors se borner à décompter les préretraités à temps plein ou ceux qui

19. Source : rapport Méhaignerie, *op. cit.*

perçoivent une pension d'invalidité, ainsi que les personnes qui ne peuvent prétendre à des allocations chômage et sont prises en charge par l'aide sociale. Il s'agit de 475 000 personnes, plus de 16 % de la population active, un chiffre que l'on peut s'estimer en droit d'additionner à celui du chômage !

Comme l'indique euphémiquement un chercheur danois à ce sujet, « ceci entraîne parfois une vive discussion quant à savoir si le faible taux actuel de chômage recensé du Danemark est causé essentiellement par la dissimulation du chômage dans des dispositifs de congés et autres mesures[20] ». Vive discussion au Danemark, sans doute, mais dont l'écho ne semble pas encore parvenu en France...

Notre pays a certes, lui aussi, abondamment usé de la formule des préretraites, mais c'était dans les années 1980 et ces formules ne concernent plus désormais que moins de 80 000 personnes. Elles représentent, en revanche, environ 9 % de la population active danoise ; semblable proportion donnerait en France quelque 2,25 millions de préretraités. Notre taux de chômage serait alors de l'ordre de zéro...

Dans le même registre, on peut aussi évoquer la Suède, où près d'un million de personnes – sur une population active de moins de 4,6 millions –, se trouvent en formation ou en congé maladie ; cela explique peut-être pourquoi le nouveau Premier ministre a pu déclarer que, « en dépit d'une bonne croissance, il règne un chômage de masse », quand celui-ci est officiellement de 4,6 % ! De même, le gouvernement britannique a récemment reconnu que les deux tiers des 2,7 millions de personnes en invalidité seraient en réalité tout à fait capables de travailler : soit, à s'en tenir à cet aveu, 6,2 % des actifs du pays, que l'on peut comparer (et éventuellement ajouter) aux 4,7 % officiellement au chômage.

On conçoit aisément que, dans ces conditions, une comparaison transparente et loyale des niveaux de chômage soit particulièrement délicate !

---

20. Kongshoj Madsen Per, « Politiques nationales du marché du travail : le Danemark », Observatoire européen de l'emploi.

Cette difficulté vaut d'ailleurs aussi en ce qui concerne la structure même des chômages. Par ces différents moyens, en effet, ce sont les personnes les plus en difficulté, jugées les moins « employables », qui sont retirées du marché du travail, en particulier les salariés âgés, les plus affectés par le chômage de plus d'un an. La diminution de leur nombre est donc une conséquence directe et mécanique de ces dispositifs, qui explique l'essentiel des différences en la matière : en 2004, le chômage de longue durée ne représente que 22,6 % du chômage total au Danemark, 21,4 % au Royaume-Uni, contre 42,6 % en France.

En réalité, la comparaison des taux de chômage ne dit rien de l'efficacité réelle du modèle danois de flexsécurité ; rien positivement, ni d'ailleurs négativement.

Car, et ceci est bien plus décisif, son efficacité est ailleurs : la flexibilité de l'emploi n'y est pas à tout coup synonyme de précarité. Par sa capacité financière, ce système parvient à assurer des revenus de remplacement suffisants à tous les chômeurs : ceux qui veulent retrouver un emploi comme ceux qui sont à la recherche de leur première activité. Par sa capacité organisationnelle, il peut les accompagner et leur offrir les moyens réels d'une reconversion. C'est dans cette comparaison-là que la situation danoise est véritablement cruelle pour nous.

La pauvreté s'installe en Europe

Le chômage n'est plus ce qu'il était, l'emploi non plus

La situation danoise n'est pas exceptionnelle, ni en Europe ni d'ailleurs dans l'ensemble des économies développées ; elle est même plutôt en passe de devenir la norme. Nous avons en effet assisté partout au développement des politiques destinées à amortir les effets sociaux du chômage de masse. Grâce à des soutiens, parfois massifs, aux retraits d'activité, ce sont des pans entiers de la population privée d'emploi qui se trouvent dans une forme ou une autre d'inactivité subventionnée : le chômage n'est plus ce qu'il était. Simultanément, les formes traditionnelles du salariat se sont partout dissoutes jusqu'à se fondre dans le sous-emploi : le travail aussi n'est plus exactement ce qu'il était.

L'exemple des Pays-Bas aide à mieux saisir ces réalités nouvelles, dont nul n'a pu s'exempter.

De même que celle du Danemark, la situation des Pays-Bas peut sembler enviable du fait d'un taux de chômage particulièrement faible : 4,7 % en 2005. Un quart de siècle auparavant, la Hollande était pourtant citée en contre-exemple, un modèle à ne surtout pas suivre. Les Pays-Bas faisaient alors figure de pays où des dépenses publiques élevées, conjuguées à des coûts salariaux croissants, asphyxiaient l'économie et provoquaient une explosion du chômage.

Aujourd'hui, du fait de son modèle particulier de dialogue entre partenaires sociaux, où l'État figure en facilitateur plutôt qu'en acteur de premier rang, le *Modell Holland* est devenu, aux yeux de certains, une nouvelle voie à suivre. Ce renouveau est usuellement daté de 1982, année où furent conclus les accords de Wassenaar, abandonnant l'indexation des salaires sur les prix. Modération salariale aidant – de 1983 à 1997, le coût du travail est resté inchangé –, les négociations purent se recentrer sur une nouvelle donne pour l'emploi et d'autres initiatives permettant de lutter contre un chômage très important. Voilà donc, nous dit-on, pourquoi les Néerlandais ne connaîtraient pas le chômage.

Comme pour le Danemark, c'est un trompe-l'œil[21]. Si le chômage est faible aux Pays-Bas, c'est surtout parce que ce pays a de longue date développé une généreuse politique de pensions d'invalidité, l'invalidité s'entendant en un sens si large qu'il s'agit en réalité de véritables préretraites. Au début de 2005, alors que le chômage

21. Ces quelques développements s'inspirent pour partie d'une note de la Fondation du travail , qui est l'organisme au sein duquel les partenaires sociaux se retrouvent : Van Empel Frank, « Le modèle hollandais, la puissance de la concertation aux Pays-Bas », Fondation du travail, 1997.

touchait 431 000 personnes seulement, 957 000 percevaient ces pensions, soit 11,5 % de la population active ! Ce qui, en France, peut y être le plus directement comparé, l'allocation d'adulte handicapé, est sans commune mesure : elle concerne en effet 771 000 personnes, soit 2,8 % de la population active...

Enviable, la situation des Pays-Bas peut sembler l'être aussi au regard du taux d'emploi, particulièrement élevé : à peine inférieur à 75 %. Mais elle a, pour l'essentiel, été obtenue au moyen d'un très important développement du travail à temps partiel, dont le pays est devenu le champion du monde incontesté : à 35,7 % en 2005, il s'agit de plus d'un emploi sur trois ; le pays distance ainsi, et de très loin, le peloton de tous ceux – Australie, Japon, Suisse et Royaume-Uni – qui se situent peu ou prou aux alentours de 25 %, soit un emploi sur quatre. À la même date, le temps partiel représentait en France 17,2 % des emplois. Comme partout ailleurs, ce temps partiel marque très fortement la condition des femmes sur le marché du travail : en 2005, 61 % des Néerlandaises sont concernées.

Peut-être n'est-il alors pas inutile de rappeler ce que l'on valide lorsque l'on accepte de déférer à l'injonction des instances internationales de juger au regard du seul critère du taux d'emploi. Celui-ci dépend étroitement de ce qu'est la « population occupée », définie comme comprenant « les personnes qui, durant la semaine de référence [de l'enquête] et pendant une heure au moins, ont occupé un travail pour un revenu ou un profit ». « Une heure au moins » : cette précision est d'importance puisque, lorsque l'on juge la situation de l'emploi au regard de ce critère, cela signifie qu'il est indifférent que l'emploi occupé soit à temps plein ou incomplet, qu'il s'agisse d'intermittence ou de temps partiel.

Entre dix emplois à 35 heures et 35 emplois à 10 heures, au regard du taux d'emploi, on doit, nous dit-on, préférer la seconde situation à la première. Cela peut certes satisfaire les économistes de l'OCDE, mais sans doute un peu moins les travailleurs, qui savent, au regard des revenus qu'ils tirent de leur travail, laquelle est la meilleure. Ils savent surtout, d'ailleurs, qu'il s'agit là d'une fausse alternative où ils sont à tout coup perdants : s'il n'y a que dix emplois, alors le chômage menace ; s'il y en a trente-cinq, c'est la pauvreté.

Chômage ou pauvreté, il faut choisir

Il n'y a pas, en Europe, de pays à taux de chômage faible et taux d'emploi élevé qui n'utilise massivement l'incitation au retrait d'activité, quelles qu'en soient les formes concrètes – préretraites, pension pour handicap, découragement à l'inscription au chômage ou congé maladie – *et* le développement du temps partiel et des emplois précaires.

C'est surtout l'intensité du recours à ces formules qui varie. Qu'elle soit faible, et le chômage est élevé et le taux d'emploi limité ; qu'elle soit forte, et l'inverse est vrai ; c'est là, aujourd'hui, une loi générale.

L'opposition qui est faite entre les pays vertueux et les cancres, tels la France, qui connaissent un chômage élevé est, en fait, une différenciation selon les degrés d'acceptation qu'ils consentent à un système où le sous-emploi masque la pénurie de travail.

Il s'ensuit une conséquence majeure, celle-là même que nous avons analysée pour la France et qui est à l'origine et au cœur de cet ouvrage : avec le développement de ce modèle, la pauvreté s'installe en Europe. En effet :

– si le niveau de chômage est d'abord l'expression d'un refus, d'une résistance – ou, aux yeux de certains, d'un retard – dans l'installation d'une flexibilité qui conduit à la précarité ;

– si, avec la précarité et le sous-emploi, c'est la pauvreté des actifs qui s'installe ;

– alors, la pauvreté présente dans les pays doit être en fonction inverse de leur taux de chômage : d'autant plus forte qu'il est faible.

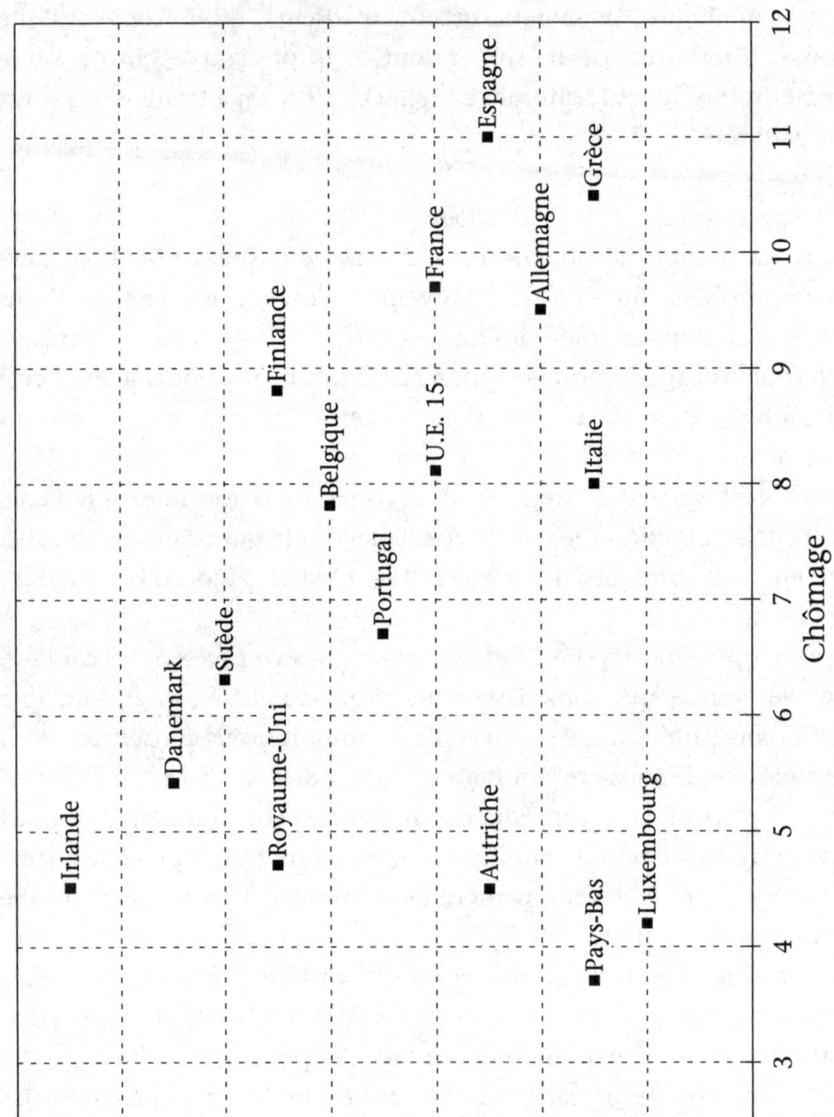

Chômage et pauvreté avant redistribution en 2004 (en pourcentage de la population)

C'est bien ce dont témoignent les chiffres. La mesure de la pauvreté utilisée au début de cet ouvrage est celle qui ressortait des revenus réellement disponibles, *après impôts et transferts sociaux*. Mais il en est une autre, qui donne une mesure de la *pauvreté avant transferts sociaux*, telle donc qu'elle résulte du libre jeu du marché, avant correction par les mécanismes de redistribution. Les statistiques de l'Union enregistrent de façon homogène et régulière cette « proportion de personnes dont le revenu disponible équivalent, avant transferts sociaux, se situe en dessous du seuil de risque de pauvreté, fixé à 60 % du revenu disponible équivalent médian national[22] ».

Aujourd'hui, dans les pays de l'Union à Quinze, ce risque de pauvreté avant transferts sociaux est très élevé : 25 % en moyenne, un Européen sur quatre !

Mais le plus remarquable, c'est que deux polarités extrêmes s'opposent (voir graphique). D'un côté, les pays à pauvreté forte, de l'ordre de 30 % ou plus – le Royaume-Uni et l'Irlande, sans surprise, mais aussi le Danemark et la Suède, ce que l'on attendait sans doute pas. De l'autre, ceux que l'on hésite à qualifier de pays à pauvreté réduite, puisqu'elle n'y est jamais inférieure à 22 % – France, Allemagne, Espagne, Grèce, Italie. Cette polarité recoupe quasi parfaitement[23], en l'inversant, celle des taux de chômage.

C'est un fait : chômage ou pauvreté, il faut choisir.

---

22. Avec cette précision d'importance que les « pensions de vieillesse et de survie sont considérées comme revenus d'origine et non pas comme des transferts sociaux ».

23. À l'exception, comme on peut le voir sur ce graphique, de deux pays qui se distinguent plus ou moins des autres du fait de leurs caractéristiques propres. Le Luxembourg, riche pays dont la spécialisation dans les activités financières lui permet d'avoir le PIB par tête le plus élevé au monde. Les Pays-Bas, où, du fait des « pensions pour inaptitude », le mode de mesure utilisé par Eurostat pour la pauvreté avant transferts, qui (cf. note précédente) inclut les pensions dans la distribution primaire des revenus, est sans doute le moins pertinent. Cette intégration perturbe en effet fortement la comparaison avec les autres pays, qui eux recourent essentiellement à des modalités (congés maladie, préretraites) qui ne sont pas, elles, intégrées dans la répartition primaire. Cet artefact statistique conduit à fortement sous-estimer la pauvreté « avant » aux Pays-Bas.

De la pauvreté, s'accommoder ou pas

Il peut sembler surprenant[24] que les valeurs habituellement reconnues se trouvent ainsi malmenées jusqu'à en être, littéralement, renversées. Que se retrouvent mêlés dans le même opprobre, pour leur forte pauvreté, les « vertueux » Nordiques et les « mauvais » Anglo-Saxons, et que les cancres du taux de chômage et du taux d'emploi puissent se voir admirés pour leur pauvreté somme toute limitée, voilà qui peut bien passer pour paradoxal. C'est oublier que la redistribution fiscale et sociale vient modifier l'agencement des revenus et réduire, normalement, le niveau de pauvreté qu'engendre la réalité économique.

Ainsi, s'agissant de l'ensemble des pays de l'Union à Quinze, le taux de pauvreté passe en 2004 de 26 % en moyenne « avant » (25 % en 2003) à 17 % « après » (15 % en 2003). Quant à la France, la pauvreté « avant » est de 26 % en 2004 (24 % en 2003) et la pauvreté « après » de 14 % (12 % en 2003).

---

24. C'est le cas du Cerc qui, dans un récent rapport (*La France en transition, 1993-2005*, La Documentation française, 2006), estime qu'une telle comparaison « n'est pas sans soulever des problèmes méthodologiques sérieux et risque de conduire à des erreurs d'interprétation », voire « à de véritables aberrations comme dans le cas du Danemark » (*op. cit.*, encadré p. 195-196). Que toute comparaison internationale n'aille pas sans difficulté, on n'en disconviendra guère ; mais qu'il y ait ici « aberration », voilà, par contre, qui mérite discussion. Pour affirmer cela, le Cerc se fonde sur deux arguments. Le premier tient au fait que « la situation avant transfert est fictive : en l'absence de transfert, la situation des revenus primaires serait différente » ; certes ! Il n'en demeure pas moins que la réalité est bien celle que décrit la statistique de la pauvreté « avant » : sans les revenus de transfert, ceux-là seraient bel et bien pauvres. C'est la situation à laquelle voudrait se référer le Cerc qui est une pure fiction. Son second argument tient à une insuffisance méthodologique de cette enquête d'Eurostat, dont une nouvelle version est attendue, qui viendra en corriger les défauts. Il se trouve que, selon le guide méthodologique d'Eurostat, sont désormais publiés « pour la Belgique, le Danemark, la Grèce, le Luxembourg, l'Autriche et la Norvège », les résultats d'un lancement en avance (2003) du SILC (qui constitue le nouveau et attendu protocole d'enquête) ». Les résultats enregistrés depuis 2003 pour le Danemark n'ont pas fait disparaître sa forte pauvreté « avant », bien au contraire ! À cela on ajoutera, enfin, un argument de bon sens : le Danemark, comme plus généralement l'ensemble des pays scandinaves, présente la double caractéristique d'une redistribution plus importante que la France et d'un niveau de pauvreté « après » redistribution analogue. Dès lors, de deux choses l'une : ou bien son système redistributif est beaucoup moins efficace que le nôtre, ou bien il ne l'est pas moins. Ce n'est que dans le premier cas de figure, que personne à notre connaissance n'a encore soutenu, que l'on peut imaginer que la situation de la pauvreté « avant » y serait homologue ou inférieure à la nôtre.

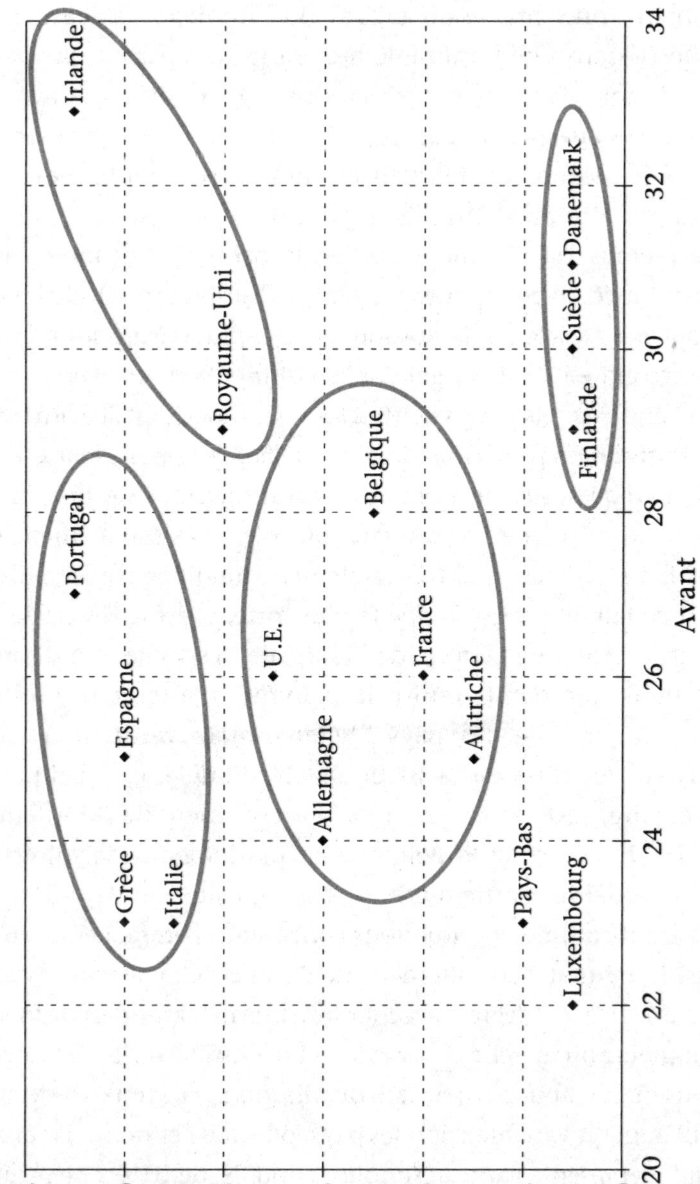

Pauvreté avant et après redistribution, en 2004
(en pourcentage de la population)

Cancre indiscutable au regard du chômage, la France figure donc plutôt dans une honorable moyenne au regard de la pauvreté.

Le double examen des situations « avant » et « après » pour chacun des pays permet de rétablir un ordre sensiblement plus conforme à ce que l'on pouvait attendre (voir graphique). Quatre modèles peuvent ainsi être distingués.

Le premier est purement libéral : la pauvreté très forte « avant » n'étant que médiocrement corrigée par la redistribution, elle demeure très forte « après ». C'est le cas du Royaume-Uni et plus encore de l'Irlande.

Le second est celui où, grâce à la redistribution, une faible pauvreté succède à une pauvreté forte, voire très forte. Ce modèle est libéral à l'origine, social à l'arrivée ; on peut à bon droit le qualifier de libéral-social. C'est celui des pays nordiques : Suède et Danemark et, à un bien moindre titre, Finlande.

Dans le troisième, la pauvreté, qui n'est pas initialement parmi les plus fortes, n'y est que très faiblement modifiée par la redistribution. De ce fait, elle y est *in fine* la plus forte. C'est le « modèle méditerranéen », celui de la Grèce, de l'Italie, de l'Espagne et du Portugal.

Dans le quatrième, enfin, la pauvreté n'atteint ni l'indignité initiale qui est celle des pays libéraux ni la vertu finale qu'elle acquiert sur les rives de la Baltique. Ce modèle, en quelque sorte intermédiaire, est celui de l'Europe continentale : l'Allemagne, l'Autriche, la France et la Belgique en participent, mais il est aussi sous des modalités particulières on l'a vu, celui des Pays-Bas.

La réalité ultime des situations concernant l'emploi et le chômage est ainsi le résultat du croisement de deux choix collectifs essentiels. Celui, d'une part, du degré d'acceptation de la précarité dans le fonctionnement même du marché du travail ; celui, ensuite, de la correction que l'on consent à y apporter par la redistribution ; ce choix-là, décisif, est particulièrement variable selon les pays, puisque l'effort social financier net[25] qu'il représente varie du simple au double, de 10 % à 21 % du PIB.

25. Du fait des modalités de calcul de la pauvreté utilisées par Eurostat – la pauvreté « avant » inclut les pensions de retraite –, les dépenses sociales « nettes » ont été calculées en défalquant les pensions du poids total que représentent les prestations sociales relativement au PIB.

Les caractéristiques des quatre « modèles » en 2003-2004[26]

Redistribution	Forte	Faible
Précarité du marché du travail		
Forte	**Modèle libéral-social**	**Modèle libéral**
Chômage	5 % à 7 %	4 % à 5 %
Pauvreté « avant »	30 % à 31 %	29 % à 33 %
Pauvreté « après »	11 % à 12 %	18 % à 21 %
Dépenses sociales, nettes des retraites (en % du PIB)	19 % à 21 %	12 % à 16 %
Faible	**Modèle intermédiaire**	**Modèle méditerranéen**
Chômage	8 % à 10 %	7 % à 10 %
Pauvreté « avant »	23 % à 29 %	23 % à 27 %
Pauvreté « après »	12 % à 16 %	19 % à 21 %
Dépenses sociales nettes	14 % à 18 %	10 % à 14 %

Il y a donc bien un modèle libéral et il est « efficace ». Il réduit le chômage, même s'il faut immédiatement ajouter que c'est parce qu'il le dissout dans le sous-emploi grâce à une flexibilité qui précarise et paupérise ; de cela, le fort niveau de pauvreté « avant » est le symptôme le plus direct. Il aboutit donc à des taux d'emploi élevés, puisqu'il s'agit, pour partie, d'emplois flexibles et précaires. Reste à savoir si de cette pauvreté, on s'accommode ou pas ; c'est ce choix-là qui différencie, ensuite, les modèles anglo-saxon et nordique.

Le système scandinave, dont procède le Danemark tant porté aux nues, apparaît ainsi comme fondamentalement désordonné et donc doublement coûteux. Libéral dans son principe, social dans sa volonté, il porte le poids du remords réparateur des très fortes inégalités et de la très importante pauvreté, qui sans cela seraient inévitables. Ce remords, salutaire, est coûteux : un cinquième du PIB.

26. Pour les raisons ci-dessus évoquées, ne sont intégrés dans ce tableau ni les éléments concernant les Pays-Bas ni ceux portant sur le Luxembourg.

Le prix du rachat, sans doute. Tout cela pour que la pauvreté n'y soit, en définitive, que faiblement moindre que dans le modèle intermédiaire ; celui, entre autres, de la France. Naviguant ainsi d'un extrême à l'autre, ce modèle peut apparaître désordonné. Est-ce vraiment ce choix qu'il nous faudrait faire ?

Retour à la France

À défaut de pouvoir admirer – et adopter – sans réserve le système danois, il semble en revanche bien établi que notre modèle propre soit, lui, à définitivement rejeter. La cause paraît entendue : l'incapacité française à résoudre la question du chômage est manifeste ; comment, dès lors, ne pas y voir le signe d'une inefficacité criante du « modèle social français » ? Peut-être faut-il quand même pourtant y regarder de plus près...

Chômage, emploi, activité : la trilogie des taux

Dans les débats politiques comme dans les médias, il n'est guère question que du chômage ; chaque mois, la publication de son chiffre cristallise de façon récurrente tous les commentaires : le taux de chômage a-t-il monté ou baissé ? Dans les cercles qui s'autorisent d'une expertise, comme dans les institutions internationales, l'attention est désormais plutôt quasi exclusivement tournée vers les conditions de mobilisation de la main-d'œuvre supposées incarnées par le taux d'emploi.

Un troisième indicateur, le taux d'activité, rapport entre les actifs – occupés ou non – et la population totale, n'est utilisé quant à lui que dans des travaux de nature prospective comme les projections de population active, plutôt que dans l'analyse du marché du travail. Si le taux d'emploi représente la proportion de personnes qui occupent un poste et le taux de chômage la proportion de personnes qui en sont involontairement privées, le taux d'activité, lui, représente la part des individus qui veulent pouvoir travailler.

Du fait des évolutions de nos économies vers la précarité, le taux de chômage est devenu un indicateur particulièrement fragile, notamment lorsqu'il s'agit de comparaisons internationales. On ne peut, de même, se fier au seul taux d'emploi, qui indique davantage ce que permet une économie que ce que souhaiterait sa population. Aussi est-ce dans la mise en regard réciproque de ces trois indicateurs que l'on tentera de lire la réalité française et de la comparer à celle des pays qui nous sont proposés en exemple.

Intuitivement, un pays possédant un taux de chômage élevé et un taux d'emploi faible – c'est le cas de la France – devrait, l'un compensant l'autre, avoir un taux d'activité proche de ceux, vertueux, qui combinent à l'inverse faible chômage et mobilisation élevée de leur main-d'œuvre.

La France et les vertueux : taux de chômage, d'emploi et d'activité comparés en 2005[27]

Pays	Emploi	Chômage	Activité
Danemark	75,5	4,8	79,4
Royaume-Uni	72,6	4,7	76,1
Pays-Bas	72	4,8	75,8
UE à 15	65,4	7,9	71,3
France	62,3	9,5	69,1

C'est, pour l'essentiel, vrai : les différences de taux d'activité entre pays se situent bien dans une fourchette resserrée par rapport aux fortes différences de leurs taux de chômage et de leurs taux d'emploi. Il n'en demeure pas moins que la France fait une nouvelle fois mauvaise figure car son taux d'activité est faible au regard de celui des pays comparables. Parmi ceux-ci, seules l'Italie et la Grèce font encore moins bien ; et l'écart avec les pays vertueux reste significatif.

27. D'après *Perspectives de l'emploi*, OCDE, 2006. Les chiffres concernant les Pays-Bas portent sur l'année 2004.

Ainsi, non seulement le chômage français est élevé, mais une partie de la population s'en trouve découragée et ne se présente même pas sur le marché du travail. Un examen plus précis montre toutefois que cette réalité n'est pas générale mais concentrée sur certaines franges de la population.

Seniors : une non-exception française

S'agissant des plus de 54 ans, la France a, sans surprise majeure, un taux d'activité de 43,6 %, beaucoup plus faible que celui du Danemark (62,9 %). Si ce pays met en œuvre d'importantes mesures de préretraite à temps plein, un taux aussi élevé indique clairement qu'elles ne font que partiellement corriger la difficulté qu'emporte sur le marché du travail, mais aussi pour les personnes, un système de retraites passablement rigoureux au regard des standards français. Depuis 1970, il faut en effet être âgé de 65 ans au moins pour pouvoir prétendre à une pension à taux plein du régime public de retraite. Aussi, face à l'explosion du chômage dans le courant des années 1970, un dispositif de préretraites a été mis en place en 1979. Au titre de ce système, les adhérents à une caisse d'assurance chômage peuvent décider de partir en préretraite à partir de 60 ans. L'âge moyen de cessation d'activité, qui était de 63 ans, a depuis lors baissé de trois années.

Pour ce qui est des taux d'emploi, ils sont beaucoup plus élevés au Danemark (59,8 %) qu'en France (40,7 %). Cela traduit l'importance des « mesures d'activation » déjà évoquées, qui favorisent notamment le maintien dans l'activité des salariés âgés. En 2003, les préretraites à temps partiel concernaient 6,5 % de la population active danoise ; à l'échelle de la France, cette situation impliquerait que plus de 1,6 million de personnes bénéficient d'une telle mesure, or elles n'en concernent aujourd'hui qu'à peine plus de 25 000[28].

28. Sur ces sujets, on consultera avec profit *Âge et travail. Un axe de réflexion essentiel pour l'avenir des retraites*, Actes du colloque organisé par le conseil d'orientation des retraites, Paris, La Documentation française, 2001.

Les Pays-Bas, quant à eux, ne se distinguent que peu de la France pour cette classe d'âge : le taux d'activité comme le taux d'emploi ne sont que faiblement supérieurs aux nôtres. Ainsi l'utilisation intensive, à l'intention des seniors, du régime de pensions d'invalidité assure-t-elle à ceux qui éprouvent des difficultés à se maintenir dans l'emploi une cessation d'activité moins tardive que celle permise par les régimes de retraites, et d'aboutir à une situation relativement similaire à la nôtre.

Au total, pour ce qui est des seniors, s'il est incontestable que la situation française n'est pas bonne, il est toutefois difficile de dire qu'elle présente une véritable originalité car elle est au total relativement proche de la moyenne des pays de l'Europe des Quinze, où le taux d'activité est de 46,7 % et où celui de l'emploi est de 43,9 %. C'est bien plutôt le Danemark qui, en l'espèce, fait figure d'exception. Une exception largement liée à un système de retraite très rigoureux, même s'il est atténué par une politique de préretraites. Pour cette raison, cette exception est aussi, dans une large mesure, celle des autres pays nordiques, mais surtout, de par le monde, celle du Japon et des pays anglo-saxons : Royaume-Uni, États-Unis, Nouvelle-Zélande et Australie.

Ainsi la situation faite aux salariés âgés illustre-t-elle très directement, en les accentuant même, les traits caractéristiques déjà évoqués. Le modèle libéral s'y incarne dans des régimes de retraite rudes ; il engendre ainsi une importante pauvreté chez ces travailleurs. Certains, les pays anglo-saxons, s'en accommodent ; d'autres, les pays nordiques, la refusent, au prix d'une coûteuse politique de préretraites. Les modèles méditerranéen et intermédiaire des pays du centre européen s'y opposent en tout.

S'il y a une spécificité française, elle est à rechercher dans les conditions d'organisation de la cessation d'activité : d'abord, dans un système de retraites qui autorise des départs à des âges qui ne sont possibles ailleurs que grâce aux préretraites ; ensuite, dans un recours très – et sans doute trop – faible aux formules de départ à temps partiel.

Tentative de restitution d'une cohérence

Si l'essentiel de l'origine des bas taux français d'activité et d'emploi ne se trouve pas dans les conditions de cessation d'activité des seniors, c'est qu'elle est ailleurs. Or, sur la classe d'âge centrale, celle des 25-54 ans, la France garde sa spécificité – un taux de chômage plus élevé, un taux d'emploi légèrement plus faible –, mais le taux d'activité est très élevé : 87,2 %. Il rivalise avec celui du Danemark (87,7 %) et est même supérieur à ceux des Pays-Bas (85,2 %) et du Royaume-Uni (84,1 %). Plus élevé que celui de l'ensemble de l'Union à Quinze (84,3 %), il l'est aussi nettement par rapport aux États-Unis (82,8 %).

C'est donc pour les moins de 25 ans que la spécificité française est extrême, puisque c'est sur eux, quasi exclusivement, que se concentre ce qui fait notre particularité. Les taux d'activité et d'emploi des jeunes Français sont en effet d'environ les deux tiers de la moyenne de l'Europe des Quinze, la moitié de ceux du Danemark, du Royaume-Uni et des États-Unis, et moins encore par rapport aux Pays-Bas. En France, les conditions d'accès à l'emploi sont exceptionnellement difficiles pour les jeunes.

Il y a bien ici une véritable et malheureuse particularité ; elle n'est pas uniquement française, puisqu'elle est partagée par la Belgique, l'Italie et la Grèce. Mais ce n'est ni une consolation ni une excuse. Cette réalité-là se distingue toutefois très clairement de celle des modèles généraux, puisque tant l'Allemagne et les Pays-Bas, pour le modèle intermédiaire, que l'Espagne et le Portugal, pour le modèle méditerranéen, s'en sont affranchis.

Cette situation est connue et décrite précisément par de nombreux travaux, ceux de Louis Chauvel[29] en particulier, aussi ne cherchera-t-on pas ici à y ajouter. On s'efforcera bien plutôt, en se

29. Chauvel Louis, *Le Destin des générations, structures sociales et cohortes en France au XXe siècle*, Paris, PUF, 1998 ; « Les nouvelles générations devant la panne prolongée de l'ascenseur social », *Revue de l'OFCE* n° 96, 2006 ; *Les Classes moyennes à la dérive*, *op. cit.*

fondant sur les analyses précédemment proposées, de restituer la cohérence du système. Une cohérence qui tient à l'articulation de la situation des adultes avec celle des jeunes, non par le règne d'une « gérontoclassie[30] », mais par l'inscription sociale des générations.

Cette cohérence s'inscrit d'abord dans une réalité remarquable car elle a valeur générale et varie peu dans l'ensemble des pays développés, ceux de l'OCDE : pour les plus de 25 ans, les caractéristiques de l'activité en fonction des niveaux de formation sont quasiment identiques.

Taux d'activité des 25-64 ans selon le niveau d'éducation en 2004[31]

Niveau de formation	Inférieur au 2e cycle du secondaire	2e cycle du secondaire	Enseignement supérieur
Danemark	67,2	83,8	89,9
France	67,8	81,5	87,1
Pays-Bas	62,6	80,8	88,1
Royaume-Uni	56,8	82,4	89,6
UE à 15	63,1	79,8	88,1
États-Unis	63,1	77,2	84,7

La situation de l'activité dans chaque pays est ainsi directement dépendante de la formation de sa population active comme de la structure de ses emplois. Plus les emplois sont qualifiés, plus la formation est développée, moins le risque d'inactivité est important. *A contrario*, moins une personne est éduquée, plus sa difficulté à trouver un emploi est forte ; tel est aujourd'hui le véritable discriminant. Dans une telle évolution, ce sont bien les couches populaires, celles du travail manuel et ouvrier, qui sont directement touchées ; les autres sont largement épargnées.

À cela, il n'y a pas d'exception, pas même française. Nos sociétés sont désormais inscrites dans des « économies de la connaissance », et nul désormais ne peut s'en affranchir.

---

30. Cf. Baudelot Christian et Establet Roger, *Avoir 30 ans en 1968 et 1998*, Paris, Le Seuil, 2000.
31. D'après *Perspectives de l'emploi, op. cit.*

Le faible niveau global de l'activité qui caractérise notre réalité s'explique d'abord par là : l'insuffisance de formation de ses travailleurs, l'insuffisante qualification requise par ses emplois.

Cette situation est elle-même héritée de l'Histoire, qui a conduit à une structuration singulière de l'économie au regard des qualifications[32]. La persistance d'une importante agriculture parcellaire jusque tard dans le XXe siècle est, en effet, une caractéristique peu commune : on ne voit pas qu'il y a en Europe, hormis l'Italie et, peut-être, les Pays-Bas, de pays ainsi caractérisés. C'est tardivement que la population paysanne, qui formait encore le tiers de la population active au lendemain de la Seconde Guerre mondiale, s'est résignée à venir grossir les rangs du salariat et à s'exiler en milieu urbain.

L'apport important de cette population peu qualifiée a profondément et durablement structuré notre économie, dans sa spécialisation[33] comme dans son organisation. On a ainsi pu constater dans le courant des années 1980, combien, comparées à des entreprises allemandes similaires, nos lignes hiérarchiques étaient plus longues et la division du travail plus poussée. Au total donc, sous une forme ou sous une autre, la France a plus de travail non qualifié que les économies comparables. Cette situation, construite dans le courant des années 1950 et 1960, a conduit le pays à subir de plein fouet le double choc de l'économie de la connaissance et de la concurrence des pays à bas salaires.

Elle a été d'autant plus difficilement vécue qu'il a, de surcroît, fallu faire face à une autre singularité relative : la persistance d'une forte croissance de la population active, avec 200 000 personnes supplémentaires à accueillir chaque année sur le marché du travail entre 1974 et 2004. Aussi, en dépit d'une création d'emplois qui n'a

32. Il y a quelques années, dans un ouvrage précédent, je me suis efforcé de préciser ce qu'ont été cette singularité et ses effets économiques : RIGAUDIAT JACQUES, *Réduire le temps de travail*, Paris, Syros, 1996, p. 78-84.

33. À cela il faudrait aussi ajouter le rôle particulier dans notre spécialisation de l'échange inégal avec ce qui constituait notre empire colonial : importation et transformation de produits de base, production et exportation de biens de première consommation.

globalement pas été inférieure – même si elle a été très concentrée sur les périodes 1987-1990 et 1997-2001 –, la pression du chômage ou de l'inactivité a-t-elle été plus présente ici qu'en la plupart des autres pays.

L'addition de ces deux particularités, dont chacune n'est que relative, a, au total, forgé une singularité absolue ; elle constitue la toile de fond des difficultés du modèle français.

Face à cette situation, et faute d'une hérédité des charges que nul ne propose de restaurer, l'investissement scolaire est alors apparu comme le meilleur moyen de préserver l'espoir qui avait levé pendant les Trente Glorieuses : non plus celui d'un sort meilleur pour soi – on a vu que la progression du pouvoir d'achat n'a plus vraiment été au rendez-vous – mais au moins pour ses enfants.

La démocratisation de l'enseignement secondaire a ainsi été pour les couches populaires le levier par lequel elles ont pu espérer faire obstacle aux régressions. Marasme de l'emploi aidant, et parce que le diplôme reste le meilleur sésame, cette passion si française pour l'école, pilier présumé de l'égalité des chances, n'a pu qu'enfler encore. L'école, malgré tout, l'école plus que tout...

Dans le même temps, les élites salariales s'efforçaient – et parvenaient – à préserver leur monopole des études supérieures longues.

Par ailleurs, en l'absence d'un système d'indemnisation du chômage assurant à chacun de réels revenus de remplacement – équivalents à ceux perdus et sur une durée correspondant à l'ensemble du temps chômé –, en l'absence aussi d'une prise en charge socialisée des coûts de la scolarité, c'est dans le cadre des familles qu'une solidarité spontanée a dû s'organiser pour tenter d'y remédier. Pour les couches populaires, il a fallu s'efforcer de construire la sécurité désormais absente avec ses moyens propres ; faute de cela, nul projet n'aurait été possible, ni pour soi ni pour ses enfants. Recherche d'un second salaire, d'heures supplémentaires sans doute, mais aussi, et peut-être surtout, désir de sécurisation de son emploi : sûreté des emplois publics, dont les concours de recrutement connaissent un afflux de candidatures sans précédent, et stratégies de maintien dans l'emploi où l'on est.

Mais l'investissement des parents dans la scolarité de leurs enfants a aussi eu un prix, et c'est là que réside vraiment la spécificité du modèle français.

D'abord parce que, en voulant assurer une solidarité personnelle là où la solidarité collective faisait défaut, les classes d'âge parentales ont déplacé sur les jeunes l'essentiel des effets sociaux qu'emportait notre structure économique, et dont ils voulaient précisément les préserver. Si, quand on y est, on s'efforce d'y rester, alors ceux qui n'y sont pas ne peuvent entrer. En l'absence, contrairement à d'autres pays, de politiques massives de retrait du marché du travail libérant artificiellement sans doute mais néanmoins bien réellement des places, il ne pouvait qu'y avoir difficulté extrême pour les jeunes à s'insérer sur le marché du travail. Cela s'est traduit par leur chômage massif, que les experts disent de « récurrence » : de courtes périodes d'emploi sont suivies d'autant de périodes de chômage, ce qui n'est jamais que le nom savant de la galère. Si la mobilité des salariés français est forte, elle se concentre essentiellement sur les jeunes.

Ensuite parce que l'addition de comportements individuellement raisonnables ne constitue pas à tout coup un comportement collectif rationnel. L'inflation scolaire ainsi produite, concentrée sur l'horizon que pouvaient dans l'ensemble atteindre les enfants des couches populaires – le bac et les premiers cycles universitaires –, a conduit à leur déclassement massif.

Elle a aussi conduit à l'éviction des moins formés d'entre eux hors du champ de l'emploi. Ces métiers-là, en tout cas dans l'industrie, ont pour l'essentiel disparu ou été délocalisés.

Faute qu'un dispositif de prise en charge financière d'un quelconque revenu d'attente ne les concerne – puisqu'ils ne sont qu'exceptionnellement éligibles au RMI et que les moins de 25 ans n'ont aucune autre forme de prise en charge –, faute que des parents eux-mêmes touchés par le chômage puissent leur apporter autre

chose qu'une aide insuffisante, ils n'ont guère d'autres ressources qu'en marge de tout. Ainsi, cette éviction s'est-elle essentiellement concentrée sur les enfants des strates les moins qualifiées des couches populaires : les immigrés. Ces enfants-là sont français ; ils demeurent pourtant aux yeux de tous, et peut-être d'abord aux leurs propres, des fils et filles d'immigrés.

À l'inverse, économie de la connaissance aidant, la poursuite d'une forte progression des emplois supposant une formation longue n'a pas conduit à l'encombrement de ces métiers. Les mérites scolaires continuent à assurer la sélection des élites, légitimant par là même à leurs yeux la condition des couches populaires et de leurs enfants, « retenus hors du monde dans un système universitaire bon marché[34] », comme l'éviction économique des exclus de l'enseignement.

Ainsi le modèle social français apparaît-il comme ayant une cohérence forte qui, au total, fait système. Dire cela n'est certes pas en faire l'apologie.

Construit sous l'empire d'une insécurité et d'une précarité omniprésentes pour les couches populaires, inspiré de ce qui reste des mythes des Trente Glorieuses, actualisé par la double réalité d'une économie de la connaissance qui s'affirme et de la disparition des emplois industriels les moins qualifiés, sa force mobilisatrice est indéniable. Mais cette force est celle des valeurs qui l'inspirent : l'égalité des conditions et la liberté de construire sa vie ; plutôt que celle des moyens qu'il emprunte.

Car cette force a conduit à une impasse, tant les effets collatéraux de ce modèle sont d'une indéniable perversité. S'efforcer d'en décrire précisément les mécanismes et de révéler leurs enchaînements est le meilleur moyen de désigner les lieux décisifs où l'action pourrait être efficace.

Par ailleurs, le modèle danois, pour ne citer que lui, à travers certains des moyens dont il s'est doté, dessine un espace possible :

34. Chauvel Louis, entretien, *Le Monde*, 6 mars 2006.

celui d'une remise en sécurité qui met en jeu l'affirmation et l'exercice de la solidarité. Mais, en acceptant l'insécurité économique pour mieux ensuite la combattre, il est coûteux ; cela sera-t-il longtemps compatible avec la wal-martisation en cours de notre monde ?

La wal-martisation du monde

L'insécurité économique, qui touche désormais profondément le salariat des pays les plus avancés, n'est pas l'un des effets regrettables du wal-martisme mais bien son ressort essentiel. Non sans qu'il faille y porter quelque crédit, il est pourtant dans le même temps affirmé que la libéralisation du marché du travail porte en elle la disparition du chômage. Comment lire cela, qui apparaît, *a priori*, comme une contradiction majeure ?

Fin du chômage, retour des chômages

On l'a oublié, mais le XIXe siècle a longtemps ignoré les chômeurs. Non que la réalité de la privation d'emploi y ait été inconnue, mais tout simplement parce que le nom même en faisait défaut. Tous les dictionnaires étymologiques le disent : c'est en 1876 que le terme « chômeur » est pour la première fois attesté en français. Pourtant, le mot « chômage » est attesté depuis 1273 ! Il aura donc fallu six siècles pour que ce « temps passé sans travailler » (ancien sens du mot), donne naissance au chômeur, ce « travailleur qui se trouve involontairement privé d'emploi ». Ce n'est d'ailleurs qu'ensuite, par contamination, que le mot ancien de chômage prendra le sens moderne qui est aujourd'hui le sien, celui d'une « inactivité forcée due au manque de travail ».

Il suffit pour s'en convaincre de lire la première enquête de l'office du Travail – ancêtre du ministère du même nom – portant sur les salaires et la durée du travail dans l'industrie en 1891[35]. Il n'y

35. Ministère du Commerce, de l'Industrie, des Postes et des Télégraphes, office du Travail, *Salaires et durée du travail dans l'industrie française*, Paris, Imprimerie nationale, 1892.

est nullement fait mention de chômeurs, mais de *chômages*. Le terme y est bien utilisé au pluriel[36], tant il est alors compris comme correspondant à plusieurs causes (maladie, fermeture de l'entreprise, manque temporaire d'ouvrage, durée du travail réduite...) et manifesté par des interruptions successives mais non continues de l'activité, une intermittence de l'emploi donc. Il n'y a pas alors des chômeurs mais des chômages.

Pour bien comprendre ce qui est ici en jeu, et qui nous fait aujourd'hui retour, il vaut de laisser la parole aux rédacteurs de l'époque :

> Il ne s'ensuit pas malheureusement, et loin de là, que tout le monde soit constamment occupé [...] Cela rend inévitable, dans chaque métier employant des ouvriers exercés, l'existence d'une population flottante en surplus de l'effectif moyen et jouant le rôle d'un réservoir de main-d'œuvre [...] La détermination de l'importance de l'ensemble de cette population flottante [...] permettrait de connaître le nombre de journées de travail que chaque unité de la population professionnelle [...] trouve à effectuer en moyenne dans l'année et par suite fournirait le moyen de calculer le salaire annuel des ouvriers de chaque catégorie et la somme nette que chacun a à dépenser par jour[37].

Appliqué au département de la Seine, et pour 1891 donc, ce calcul aboutit à ceci : « Comme nous pouvons négliger le nombre *forcément infime* des individus qui n'auraient travaillé à aucun moment, dans aucun établissement pendant l'année, nous pouvons affirmer que la population ouvrière totale ne peut atteindre les 145 % de l'effectif moyen » ; sachant par ailleurs que l'on compte 290 journées de travail par unité d'effectif, il s'ensuit qu'il « n'y aurait pour un individu dans l'ensemble de la population ouvrière que 200 journées de travail disponibles en moyenne par an ».

En l'absence de toute forme significative d'indemnisation du chômage – au-delà des aides limitées que peuvent apporter les caisses

36. Le chapitre du rapport consacré à ce sujet s'intitule en effet « Variabilité de l'effectif, chômages et stabilité du personnel ».
37. Ministère du Commerce, de l'Industrie, des Postes et des Télégraphes, office du Travail, *Salaires et Durée du travail dans l'industrie française*, *op. cit.*, p. 485.

de secours des syndicats –, le nombre de ceux qui « n'auraient travaillé à aucun moment » est donc « forcément infime ». Comment en effet pourraient-ils bien subsister autrement ? Dans un tel contexte, il ne peut y avoir de chômeurs que dans les moments de crise profonde. Ce qui, en revanche, est récurrent et endémique, ce sont les chômages. L'important est alors le salaire annuel, seule vraie base du niveau de vie quotidien des travailleurs. Il faut en somme vivre 365 jours avec seulement 200 jours de paie.

Quand il n'y a ni chômeur ni chômage mais des chômages, le risque est celui de la pauvreté des actifs, et la condition précaire est le quotidien des couches populaires. C'est vers la toute fin du XIXe siècle que l'on prend peu à peu conscience de ce fait. William Henry Beveridge, celui-là même qui inventera par la suite la sécurité sociale moderne, fut l'un des principaux protagonistes de ce débat. Alors directeur d'un comité paroissial chargé de gérer les secours aux pauvres, il constatait à l'aube du XXe siècle :

> Dès lors qu'on accepte d'admettre les travailleurs intermittents, on va immédiatement être submergé par eux. Il y a là toujours une réserve sans fin [...] J'en suis venu à la conclusion que le fait le plus important est qu'ils trouvent un peu de travail de temps en temps et non qu'à d'autres moments ils n'aient pas de travail [...] Ils avaient assez de travail sur place, mais pas assez pour les entretenir[38].

Il comprit ainsi, parmi les premiers, que le chômage est un problème économique et non moral[39]. En cela se marquait une rupture avec la vision traditionnelle venue du fond des âges, celle portée par Thiers, pour laquelle misère est fille de vice.

S'il n'est pas lieu ici d'en retracer en détail la genèse[40], on retiendra néanmoins que le chômeur – et donc le sens moderne du

38. Déclaration faite devant la Royal Commission on The Poor Laws and Relief of Distress, 1910, cité in TOPALOV CHRISTIAN, *Naissance du chômeur, 1880-1910*, Paris, Albin Michel, 1994, p. 17.
39. C'est en effet à cette époque, en 1909, que W. H. Beveridge publiera son célèbre ouvrage *Unemployment : A Problem of Industry*.
40. Cf. TOPALOV CHRISTIAN, *Naissance du chômeur, 1880-1910*, *op. cit.*

mot chômage – est une construction sociale, et récente. Comme l'évoquent les propos de Beveridge, il s'agissait alors de trouver une réponse à la question sociale qui avait hanté tout le XIXe siècle, celle posée par le paupérisme, le fait que beaucoup travaillaient, mais « pas assez pour les entretenir ».

Il s'agissait ainsi d'abolir les intermittences comme la sous-activité et de cristalliser les situations. Que ceux qui travaillent puissent avoir une situation stable leur permettant de travailler constamment, et donc de vivre décemment ; que les autres, qui deviennent alors des non-travailleurs involontaires à temps plein, reçoivent des allocations leur permettant de subsister. Ce fut l'objet de la loi anglaise de 1911, la première à instituer une assurance chômage, précisément destinée à éviter aux salariés d'avoir à accepter ce que l'on appellerait aujourd'hui des petits boulots. Plutôt qu'une pauvreté endémique dans le travail, qui oblige à fournir une aide sociale récurrente, il apparaît alors clairement que mieux vaut lui substituer une situation binaire : avoir du travail ou pas. Lorsqu'on en a, on en vit, correctement et dignement ; lorsque, involontairement, on n'en a pas, un droit est ouvert à un revenu de remplacement et d'attente. Ainsi les chômeurs succédèrent-ils aux chômages.

Contemporaine des autres institutions de la condition salariale, figure inversée du contrat de travail à durée indéterminée à temps plein, l'invention du chômeur en constitue l'un des piliers majeurs.

C'est cette construction-là qui, aujourd'hui, se défait. Le mouvement actuel de wal-martisation de nos économies vise en effet à l'inverse : s'il réduit le chômage, c'est non au profit d'un plein-emploi, mais de son ersatz : un travail flexible, intermittent, précaire et incomplet. Si les chômeurs diminuent, c'est que la pauvreté s'installe chez les travailleurs. Si le chômage disparaît, c'est que les chômages font retour.

L'avenir d'une régression

La wal-martisation de nos économies requiert ainsi, et réalise effectivement, la déconstruction de la norme salariale bâtie depuis la fin du XIXe siècle. La « condition salariale » s'y trouve mise en cause dans son cœur même : organisation du travail, formes de la subordination, contrat de travail, droit du travail, chômage... Rien ne semble à terme devoir subsister de ce que l'État providence a pu édifier hier pour apporter de la sécurité à ce qui constituait alors un prolétariat. C'est en cela, en ramenant aux rapports sociaux qui préexistaient à cet édifice, aujourd'hui de toutes parts débordé, que la question sociale peut faire retour. Le wal-martisme est une régression.

Mais cette crise sociale, qui est ainsi une crise de société, n'est pas une parenthèse que l'on peut espérer voir spontanément et rapidement refermée. La démolition de ce qui existait n'est pas le fruit anecdotique et passager d'esprits malins ou pervers, mais l'une des expressions possibles des nécessités où conduit la mondialisation de nos économies de la connaissance. Cette régression a un avenir.

Les « modèles », tous les modèles, sont soumis à la question. Aucun de ceux qui ont successivement pu être proposés à notre imitation, sinon à notre admiration, n'a jusqu'alors pu résister victorieusement aux assauts du nouveau capitalisme. Le modèle nordique, aujourd'hui vanté sous sa forme danoise, l'était hier sous son incarnation suédoise. Il a pourtant fallu en annoncer la fin[41] dans le milieu des années 1990. Et si, depuis lors, il a su se remettre en question et redevenir un exemple pour certains, les élections législatives de septembre 2006 se sont largement nouées autour d'un débat sur le chômage : est-il de 6 %, comme il apparaît, ou de 20 % ? L'avenir du modèle social-démocrate était ainsi sur la sellette. Leur résultat, la courte victoire d'une coalition conservatrice, montre à tout le moins qu'il ne satisfait désormais plus que médiocrement les Suédois eux-mêmes. L'une des toutes premières actions entreprises par ce nouveau gouvernement a d'ailleurs été le dépôt d'un projet de loi visant à réduire le niveau de l'assurance chômage.

En dépit de la puissance de son économie, toujours championne du monde des exportations, le capitalisme rhénan, hier vanté pour son

41. DURAND JEAN-PIERRE, *La Fin du modèle suédois*, *op. cit.*

« économie sociale de marché », sa cogestion et son système de formation, est aujourd'hui pour le moins questionné[42], sinon enterré[43]. Il s'étonne désormais de se découvrir, lui aussi, de « nouveaux pauvres[44] », s'interroge sur le bien-fondé de sa « tarifautonomie » qui laisse depuis 1949 aux partenaires sociaux le soin de fixer seuls les salaires ; et laisse s'entrouvrir la voie d'un salaire minimum déterminé par les pouvoirs publics, ce qui supposerait une réforme de la Constitution...

Quant aux anciens « miracles », il y a bien longtemps qu'ils ne font plus rêver. Le Japon sort très difficilement d'une longue léthargie. Et l'économie italienne, championne européenne de la flexibilité avec ses 4 millions de « parasubordonnés[45] » – ce statut très « souple » de « collaborateur », intermédiaire entre le salarié et l'indépendant mis en place en 1997, représente désormais 70 % des embauches –, est aujourd'hui déclarée au pied du mur après trois décennies de déclin[46]. On pourrait ainsi égrener longuement la liste des modèles défunts.

Quant à l'Espagne, qui a réussi à diviser par trois son taux de chômage en onze ans, on peut difficilement passer sous silence qu'elle l'a fait en délaissant les CDI auxquels étaient liés des indemnités de licenciement importantes. Aujourd'hui, un tiers des salariés sont en CDD, et la moitié d'entre eux ont moins de 35 ans.

La remise en cause du modèle social français n'est donc qu'une remise en cause de plus et la mise en avant du modèle danois la dernière « révélation » en date. Dans le choc *Capitalisme contre*

---

42. Pesin Fabrice et Strassel Christophe, *Le Modèle allemand en question*, Paris, Economica, 2006.
43. Milano Serge, *Allemagne, la fin d'un modèle*, Paris, Aubier, 1996.
44. Un rapport de l'institut Friedrich-Ebert révèle que 8 % de la population allemande sont victimes d'une nouvelle forme de pauvreté. Ceux-là « considèrent leur propre vie comme un déclin social » et sont qualifiés de « sous-classe » par K. Beck, le président du SPD (« Allemagne : embouteillage en bas de l'échelle sociale », *Libération*, 17 octobre 2006).
45. « L'Italie, autre championne européenne, avec le Royaume-Uni, de la flexibilité », *Le Monde*, 21 février 2006.
46. « L'économie italienne au pied du mur », *Problèmes économiques*, n° 2893, La Documentation française, 15 février 2006.

capitalisme[47], cette quête d'une alternative au modèle libéral anglo-saxon, aucune des options entrevues, à un moment ou à un autre, n'a pu à ce jour en triompher.

C'est le système anglo-saxon que nous avons été sommés d'imiter par les institutions internationales. C'est lui qui, avec la pauvreté et la précarité qui l'accompagnent, s'installe en Europe. C'est désormais à son regard que tous les autres trouvent à se situer : modèles méditerranéen et intermédiaire – ou les « en retard » ; pays nordiques – ou les « libéraux repentants ».

Dans cette situation, le modèle danois peut certes s'appuyer sur quelques références ; notamment une pauvreté qui, après réparation, est homologue à celle des pays qui rechignent au libéralisme ambiant. La flexibilité dans une sécurité obtenue *ex post* ; la précarité, sans ses effets négatifs, en somme. Voire...

D'abord parce qu'une société – aucune société – ne peut sortir indemne de telles secousses ; il n'y a guère qu'au théâtre et dans les comédies que les valets battus, puis dédommagés, sont contents. Mais aussi parce qu'un tel modèle apparaît assez peu économique : tout ça pour ça ! Comme le dit sobrement l'OCDE en conclusion de la réévaluation de sa stratégie pour l'emploi :

> [...] plusieurs approches ont donné de bons résultats [...] L'une d'elles [...] consiste à mettre l'accent sur la flexibilité des marchés de produits et du travail, même si cela implique des inégalités de revenus [...] Une autre associe la flexibilité et la sécurité, mais se révèle plus onéreuse [...] : les disparités de revenus sont faibles, mais les coûts budgétaires induits sont importants[48].

Nul n'est plus à l'abri. Dès lors, en attendant que la bienfaisante « main invisible » du marché ait – demain, un jour, plus tard – permis aux salariés d'Inde, de Chine, du Brésil et d'ailleurs de se constituer un standard de vie digne de ce nom, pour les salariés des pays développés, pour les couches populaires plus précisément, quel devenir ?

---

47. Titre du livre de Albert Michel, *Capitalisme contre capitalisme*, Paris, Le Seuil, 1991, qui mettait en avant le « modèle rhénan ».
48. OCDE, *op. cit.*, p. 20-21.

L'insécurité économique est certaine, mais la sécurité *ex post*, celle apportée par la redistribution ?

Car, dans cette mise en concurrence désormais généralisée du fait de la mobilité quasi parfaite des capitaux, ce ne sont plus seulement les produits, ni même les hommes, qui sont « marchandisés », mais bien les nations et les institutions qu'elles se donnent. Avec la wal-martisation sont ainsi apparus des concepts nouveaux, dont on ne voit pas qu'ils ont jamais eu de précédent.

Ce qui y est en cause ? L'« attractivité du site France », la « concurrence fiscale » et sociale. Ces compétitions-là interdisent tout progrès, particulièrement en Europe où, nous dit-on[49], la pression à la baisse sur la fiscalité se renforce avec l'arrivée des nouveaux pays membres. Ce n'est certes pas la récente décision de l'Allemagne de réduire son impôt sur les sociétés de 38,6 % à 29,8 %, soit 25 % de baisse, au cours des deux prochaines années qui infirmera ce pronostic. Il y a dix ans, dix-sept des vingt-cinq pays membres actuels avaient une fiscalité sur les entreprises de plus de 33 % ; ils ne sont plus que cinq : la Belgique, l'Espagne, l'Italie, la France et Malte. Et ce qui est vrai de la fiscalité ne l'est pas moins des droits sociaux et de la protection sociale.

Il y a ainsi à la fois précarisation de l'emploi, pression sur les salaires et difficulté accrue à trouver les moyens d'une compensation par une redistribution plus importante. C'est en ce sens que le modèle nordique pourrait se révéler une impasse. De libéral et social qu'il était, libéral seulement il resterait.

Dans cette régression qui est générale, ce n'est pas le modèle social français qui, en l'espèce, est en question ; s'il l'est, c'est de surcroît et pour d'autres raisons. Ailleurs, c'est sans aucun doute différent, mais peut-on dire que ce soit mieux ?

Cela fait maintenant bien longtemps que la « réforme structurelle du marché du travail » nous est proposée. Après d'autres, la France semble s'y rallier *nolens volens*, à marche forcée, même, depuis

49. Saint-Étienne Christian et Le Cacheux Jacques, *Croissance équitable et concurrence fiscale*, rapports du Conseil d'analyse économique, La Documentation française, octobre 2005.

2002. Dans cette évolution, le chômage pourra bien se réduire, mais, comme ailleurs, avec la flexibilité, la pauvreté gagnera.

Le défi pour l'avenir n'est pas de restaurer ce que nous sommes en train de perdre mais de donner une réponse pérenne à la précarité de masse qui sans cela va s'installer et se développer. Il faudra construire les institutions permettant de la combattre. C'est à cela que les différents « modèles » ont tenté de trouver réponse ; c'est aussi ce à quoi leur examen – de leurs avancées comme de leurs échecs –, plutôt que leur imitation, peut nous aider.

« On est revenu au XIXe siècle, avant l'État providence[50] »

On voit s'installer sur notre continent l'explosion des déséquilibres engendrés par la mondialisation. On voit les grands gagnants de ce loto [...] Ils surfent sur une totale dérégulation des flux financiers, l'ultralibéralisme, la vague d'immigration planétaire. Ils profitent du changement de nature de notre société [...] On voit aussi les grands perdants, les intérimaires, les mal payés, les non-qualifiés [...] Les gouvernements laissent faire ou ont peur d'agir. Ils relaient l'opinion largement répandue parmi les élites. Le boom des inégalités, la vitesse de ce boom sont une terrible menace pour l'Europe sociale [...] et la Banque centrale européenne ne veut toujours pas comprendre que des hausses de salaires sont une composante de la solution et non du problème [...] Selon elle, les pays qui exigent un préavis en cas de licenciement, fixent la semaine de travail à moins de 66 heures par semaine ou qui imposent des salaires minimaux sont considérés comme peu propices aux investissements [...] La violence du système s'est radicalisée. Le capitalisme change [...] L'équilibre est rompu. C'est le retour de l'économie de la fin du XIXe !

Le siècle précédent a vu s'édifier une « condition salariale » qui a pu positivement répondre aux défis que le XIXe n'avait pas su relever, ceux du paupérisme et de la question sociale posés par l'existence d'une condition prolétarienne. Avec elle, ils réapparaissent.

On comprend mieux alors le propos désolé de Robert Castel devant la disparition de ce qui avait été construit pendant l'âge d'or

50. Extraits d'un entretien avec John Monks, secrétaire général de la Confédération européenne des syndicats, *Libération* du 5 octobre 2006.

mythique des Trente Glorieuses, et le vide qu'elle laisse : « Il n'existe pas à ce jour d'alternative crédible à la société salariale. » Non, il est vrai, il n'en existe pas.

Au moment même où cette société-là se défait sous nos yeux, ce constat ne peut toutefois se borner à être celui d'une impuissance face à l'insécurité économique qui s'affirme ; il lui faut donc être un point de départ. Cette alternative n'existe pas ? Il faut l'inventer...

CONCLUSION. FAIRE FACE À L'INSÉCURITÉ ÉCONOMIQUE

Dans cette crise sociale que nous traversons et qui se double d'une crise de société, certains aimeraient pouvoir lire la seule mise en cause d'une exception française ; il suffirait alors de rompre avec elle. Sans doute est-ce là façon commode de se rassurer et de trouver un exutoire, tant, pour paraphraser le fabuliste des *Animaux malades de la peste*, là où « ils ne mouraient pas tous, mais tous étaient frappés », il se trouve toujours un baudet sur lequel haro crier !

Le modèle social français, « ce pelé, ce galeux, d'où venait tout le mal », est donc le baudet commodément trouvé de cette fable-là. Mais si, à l'instar de son homologue, il n'est exempt ni de défauts ni de tares, ceux-ci ne suffisent guère à rendre compte de ce dont il s'agit.

Car, dans ce vacillement du monde, les références – les « modèles » que l'on propose à l'envi –, toutes les références, finissent par faire défaut. Celles d'hier sont défuntes. Celles d'aujourd'hui s'avèrent ne pas être exactement ce que l'on croyait ; et l'on peut, au surplus, s'interroger sur leur capacité à durer.

C'est que, dans cette remise en cause généralisée, ce qui s'affirme est un modèle particulier, un modèle libéral, qui vise à revenir aux fondamentaux du capitalisme originel en faisant de la force de travail une marchandise vraiment parmi d'autres. C'est lui qui, désormais, s'installe en Europe.

Ce qui le caractérise, c'est moins la flexibilité qu'il requiert – c'est-à-dire sa capacité à ne prendre de la force de travail que ce dont il a besoin et tant qu'il en a besoin –, que la précarité qu'il engendre. En détruisant les protections collectives établies, il ne veut connaître que des individus, pour d'ailleurs mieux les laisser, autonomes qu'ils sont supposés être, seuls et nus face à l'insécurité économique.

Un tel modèle peut sans doute se concevoir, mais il n'est pas viable dans sa pureté théorique. Même les pays qui l'ont peu ou prou adopté – les pays anglo-saxons pour l'essentiel – ont dû concéder des protections minimales. Concernant les personnes, elles relèvent de l'assistance plutôt que de droits collectifs. Elles ne visent pas à faire face à l'insécurité économique, mais simplement à en pallier les conséquences les plus extrêmes. C'est pourquoi, là où il a pu hier s'installer, l'État providence a désormais ce modèle, celui de l'État assistance, pour horizon. Face à cela, que proposer ?

Jalons pour une alternative efficace

Insérées dans une mondialisation poussée des échanges, nos économies sont aujourd'hui plus étroitement intriquées que jamais. Dépendantes de la globalisation financière qui rend les capitaux volages, ce sont leurs institutions mêmes – fiscales et sociales, notamment – qui sont exposées à la concurrence. Il en va de même des entreprises.

Ces réalités-là sont installées, massivement, en France comme partout ailleurs en Europe ; elles n'évolueront pas de sitôt. Autant le dire clairement : il n'y aura pas de retour au *statu quo ante* ; ne pas le reconnaître serait se vouer à l'impuissance. Tel est le point de départ qu'ici on se donne afin d'avancer quelques jalons, fragiles et lacunaires, d'une alternative efficace. Celle qui vise à construire de nouveaux espaces de sécurité.

Une Europe renforcée et protectrice

Par sa taille, par la relative proximité de ses économies, par leur intégration, l'Europe constitue un espace suffisamment cohérent pour se doter d'institutions propres à amortir efficacement le choc de la nouvelle insécurité. Sans elle, sans la construction d'un véritable socle de droits sociaux à l'échelle de la région, il sera extrêmement difficile de s'opposer à la wal-martisation.

Le niveau européen doit donc être fortement renforcé afin d'organiser un véritable contre-pouvoir face à la mondialisation libérale. C'est là une perspective sans aucun doute assez radicalement différente de celle qui a gouverné ces dernières années, où les institutions européennes ont été clairement des supports de la libéralisation. Cela passe, certes, par la création de nouveaux outils ; mais, surtout, cela suppose l'affirmation d'une volonté politique nouvelle, se traduisant par la mise en place d'un gouvernement économique européen. On ne pourra avancer dans cette direction avec le cadre institutionnel actuel, qui ne le permet guère. Les refus français et néerlandais de ratifier le projet de traité constitutionnel ont ouvert la possibilité de le rediscuter, et l'opportunité de lui donner de nouveaux contours. Ce moment doit être saisi ; il ne reviendra pas de sitôt.

C'est donc bien la vision même de l'Europe qu'il s'agit de redéfinir, une conception différente de celle qui a voulu faire de la « concurrence libre et non faussée » l'objectif ultime de la réalisation du marché intérieur. La concurrence n'est plus, en effet, seulement conçue comme un moyen de pression sur les prix à la consommation ; elle est érigée en vertu cardinale d'un modèle économique et social en soi. Ainsi, la Commission libéralise le marché et met en œuvre l'austérité budgétaire ; quant à la Banque centrale (BCE), elle gère une politique de l'euro (trop) fort. L'atonie de la croissance, singulièrement celle de l'Euroland, est le résultat de cette détestable conjugaison.

Aussi le premier élément de réponse à opposer à cette vision est-il sans aucun doute la rupture avec la politique monétariste. Aujourd'hui la BCE ne se contente pas de vouloir juguler l'inflation, quelles qu'en soient les conséquences défavorables pour l'emploi et la croissance ; elle s'ingère dans le champ des décisions politiques, notamment par ses appels réitérés aux « réformes structurelles » et à la lutte contre les « rigidités du marché du travail ».

Dans le même temps, la BCE n'a ni politique ni objectif de change ; l'euro, introduit à 1,17 dollar en janvier 1999, est tombé à 0,83 dollar en octobre 2000 (– 30 %) pour atteindre plus de 1,33 dollar fin 2006 (+ 60 %). Aucune évolution de l'économie réelle ne justifie de telles variations ; les décisions d'investissement, de sous-traitance comme de délocalisation, en sont bien sûr fortement perturbées. Lorsqu'on doit commercialiser ses productions en dollars, on est naturellement incité à privilégier les fournisseurs susceptibles de facturer dans cette même monnaie et donc situés hors zone euro. Pour toutes ces raisons, il est indispensable de modifier les objectifs attribués à la BCE, en y intégrant l'emploi, comme de l'obliger à rendre compte de sa politique aux instances européennes, pour l'intégrer dans une véritable stratégie financière et un gouvernement économique de la zone. L'une comme l'autre font aujourd'hui cruellement défaut. L'Europe est plus forte avec une monnaie unique, mais il doit être mis fin à l'indépendance absolue de la BCE, qui est sans aucun équivalent dans le monde. Une monnaie ne peut avoir d'existence autonome des économies et des sociétés qui l'utilisent.

Quant au pacte de stabilité, charte économique de l'Union, son assouplissement récent constitue sans doute un pas dans la bonne direction. Mais que vaut l'introduction d'un minimum de souplesse dans l'application d'une doctrine qui, initialement conçue pour organiser une convergence permettant de créer la monnaie unique, est essentiellement restrictive ? L'assouplissement du pacte est bienvenu, il n'est pas suffisant. La monnaie unique étant désormais chose acquise, il faut en redéfinir la logique, qui place toutes les dépenses budgétaires sur un seul et même plan. Mais les budgets de recherche sont-ils équivalents aux dépenses de fonctionnement ? Est-il bien normal d'intégrer les dotations des États à l'Union dans leur déficit ? Ainsi conçu, le pacte fige les capacités des pays membres à investir dans l'avenir, priorité pourtant affichée par l'Union elle-même en matière d'éducation, de recherche et de développement.

De même, le budget européen doit être un outil de politique économique commune, ce qu'il n'est pas. Sans sa refonte complète, la perspective d'une Europe plus solidaire restera vaine. La création d'un impôt européen, voté par le Parlement, est l'élément central de cette nouvelle donne, pour qu'à la logique des transferts entre pays soit substituée celle des transferts entre contribuables (entreprises et citoyens) ; l'Union doit pouvoir disposer de ressources propres. Elle doit, en outre, pouvoir recourir à l'emprunt pour financer la mise en œuvre de la stratégie définie à Lisbonne en faveur d'une « économie de la connaissance », tout comme les grands investissements nécessaires à un élargissement réussi.

Enfin, concernant les dépenses, les politiques structurelles, qui constituent l'un des rares éléments de redistribution de la politique européenne (des régions riches vers les régions pauvres), doivent être non seulement préservées de la volonté de certains de les réduire, mais notablement renforcées. La réponse à l'arrivée des nouveaux pays, globalement plus défavorisés, ne peut se borner à redéployer l'effort de solidarité existant, aux dépens des zones de l'Europe des Quinze frappées de plein fouet par les restructurations industrielles. Il faut augmenter l'effort global.

C'est une constante du discours des principales institutions européennes que de voir dans les modèles sociaux nationaux le principal facteur d'atonie de la croissance. Or les citoyens et les salariés du continent ne peuvent plus attendre de leurs seuls États-nations, désormais trop faibles, qu'ils bâtissent les règles, les protections et les droits pourtant nécessaires face à la wal-martisation. L'Union agit ainsi totalement à rebours de ce qui devrait pourtant être sa vocation première. Avec la directive sur les services – la fameuse directive Bolkestein –, la Commission a renoncé au travail d'harmonisation, pierre angulaire de l'intégration européenne. Elle a voulu passer en force et ne retenir que le principe du pays d'origine comme règle de construction communautaire, c'est-à-dire mettre en concurrence des territoires, des législations et des réglementations nationales au sein du marché unique. Il aura fallu le double échec des référendums français et néerlandais pour qu'il y soit mis obstacle. De même, avec la directive sur le temps de travail, la Commission a ouvert la voie à des accords collectifs ou individuels – entre l'employeur et le salarié en l'absence de convention de branche – pour déroger à la durée maximale légale. Enfin, la demande française que la directive Bolkestein ne soit applicable qu'en contrepartie de l'adoption d'une directive-cadre sur les services d'intérêt général se heurte à une récurrente fin de non-recevoir de la Commission Barroso. Ainsi cherche-t-elle à mettre en cause les législations sociales nationales au profit de simples normes minimales.

Aussi est-il grand temps de fixer le périmètre et l'agenda de construction d'un modèle social européen qui se substituerait efficacement aux modèles nationaux. On pourrait pour cela imaginer un processus de convergence analogue à celui utilisé pour la création de l'Union monétaire : fixer des échéances de moyen et long terme, ainsi que les étapes pour y parvenir, s'accorder sur des critères sociaux de convergence à atteindre : emploi et chômage, pauvreté, égalité des chances... Autant de domaines où l'inépuisable imagination des services bruxellois pourrait très utilement trouver à s'exercer !

Enfin, l'instauration de salaires minima nationaux dans chacun des pays membres – tous n'en disposent pas encore –, puis la définition d'un processus de convergence qui, à terme, déboucherait sur un véritable salaire minimum européen, voilà qui serait particulièrement symbolique d'une volonté nouvelle d'harmonisation sociale. Encore faudrait-il que l'Union veuille être autre chose qu'un marché unique. Ce n'est certes pas encore le cas ; c'est un combat qui reste à gagner.

Une autre mondialisation

La mondialisation libérale va trop vite, trop loin, trop fort ; de nouvelles règles devront s'imposer. Une réflexion sur sa régulation est indispensable, elle s'inscrit d'abord dans le champ politique : c'est bien d'une vision du monde, de la société, de l'humanité, dont il s'agit, celle d'une autre mondialisation.

Cela nécessite sans doute des outils, mais il y faut d'abord des leviers : l'Union européenne devrait d'être l'un de ceux-là. Par son action politique internationale, elle pourrait ouvrir la voie à un nouvel universalisme. Géant économique, elle se doit de devenir la puissance mondiale qu'elle n'est pas encore afin d'aider à construire ces indispensables régulations, et d'abord en les faisant très concrètement jouer à partir de ses propres transactions.

Par exemple, en appliquant et en faisant respecter des règles sociales minimales. Dans le Marché commun du début des années 1960, l'ouverture intérieure (le désarmement douanier se fera progressivement de 1958 à 1968) était associée à la protection extérieure. Le concept de préférence communautaire en témoigne encore : si toute discrimination entre produits européens est interdite, cette règle ne s'applique pas aux biens venant de pays extérieurs. De même, les accords de Schengen constituent un mécanisme de préférence pour les citoyens des pays les ayant ratifiés, qui peuvent librement circuler. Or, polarisée sur les conditions de la concurrence en son sein, l'Union a mené une politique d'ouverture très large de ses frontières, qui l'a conduite à admettre sur son territoire des biens et des services produits dans des circonstances qu'elle n'accepterait pas chez elle. Plutôt que d'en demeurer à cette seule recherche du plus bas prix de vente possible à l'extérieur, il lui serait loisible d'établir des règles sociales applicables chez les fournisseurs de l'Union. Il est pour le moins paradoxal que des normes minimales techniques soient imposées aux produits importés afin de protéger les consommateurs, alors qu'aucune règle sociale minimale ne l'est. Ce pourrait être la condition *sine qua non* d'une libre importation dans l'Union. Un calendrier de progression de ces normes sociales exigées permettrait de tenir compte des faiblesses relatives des États et de l'inégalité de leurs niveaux de développement. À défaut, des droits seraient prélevés sur les produits concernés. Il s'agirait d'une incitation conséquente à l'amélioration des conditions de vie des pays émergents.

De la même façon, alors que les labels sociaux commencent à prendre des parts de marché non négligeables dans le domaine agroalimentaire (commerce équitable), ils pourraient être étendus aux productions industrielles ou aux services. Cela permettrait d'impliquer les citoyens dans la promotion d'une concurrence plus loyale, en améliorant la lisibilité des conditions sociales de la production. Les consommateurs détiennent un pouvoir dont ils usent trop peu. Ainsi du boycott, qui pourrait être organisé sur la base de la mobilisation des opinions, grâce à la reconnaissance au niveau international d'une « clause de sauvegarde » quand leurs intérêts sociaux, environnementaux et sécuritaires sont menacés. D'autres procédures doivent être étudiées : publication d'une liste noire des compagnies aériennes, publicité sur les pratiques sociales de tel ou tel fabricant de vêtements ou de chaussures, voire la possibilité d'« actions de groupe » à l'échelle internationale : à l'image de la procédure bien connue dans les pays anglo-saxons, elles permettraient de se regrouper pour faire trancher par un seul jugement – ici international – des actions soulevant des questions de droit communes aux membres du groupe et de solliciter, par exemple, la réparation des préjudices individuels. La possibilité d'engager de telles procédures devant une instance internationale chargée de veiller aux justes conditions du commerce mondial pourrait être un axe essentiel de réforme de l'Organisation mondiale du commerce.

Des instances internationales nouvelles, ou renouvelées, sont donc nécessaires. Cela suppose la mise à plat de tous les instruments existants : la remise en cause du système monétaire actuel, aussi bien que celle des missions de l'OMC, du rôle du Fonds monétaire international ou de la Banque mondiale. Le combat pour la réforme des institutions internationales doit être engagé dans toutes les dimensions.

Dans le champ politique d'abord, où la création d'un Conseil de sécurité économique et social dans le cadre de l'Onu est indispensable. Par la modification des droits de représentation et de vote dans les organisations internationales, une place plus grande doit être faite aux pays en développement, le dialogue avec le mouvement social doit être institutionnalisé et la transparence assurée en rendant publics les documents préparatoires, les résultats des délibérations et les positions des États.

Dans le champ commercial ensuite, puisque, avec l'Organe de règlement des différends, l'OMC s'est affranchie des autres instances du droit international. La première nécessité est ici de la soumettre à l'Onu, afin de l'obliger à en respecter la Charte. Ce serait bien le moins que la Déclaration universelle des droits de l'homme soit pour l'ordre juridique mondial un principe supérieur au droit commercial.

De même, dans leurs domaines propres, les normes sociales, environnementales et sanitaires édictées par les autres organismes multilatéraux (OIT, OMS, Unesco) doivent acquérir une valeur juridique équivalente aux règles de l'OMC ; les conflits de normes doivent pouvoir être arbitrés par une instance spécifique dépendante de l'Onu.

Enfin, le champ monétaire et financier doit, lui aussi, faire l'objet d'une profonde réforme. Le dollar est affaibli mais demeure malgré tout prépondérant. Or, par l'énormité des déficits américains, il alimente de façon excessive la liquidité mondiale et les déséquilibres financiers s'accumulent dangereusement. Il faut préparer l'après, qui ne pourra plus être défini par la seule hégémonie du dollar.

Puisque la planète est devenue le terrain de jeu des économies, cette mondialisation-là doit avoir pour équivalent et contrepoids une globalisation de la politique. La « gouvernance mondiale » est un objectif désormais largement reçu, sinon encore partagé par tous ; elle doit devenir une réalité[1]. Mais, en attendant, quoi d'autre ?

1. Ces potentialités existent aujourd'hui, voir par exemple, Susan Berger, *Made in World*, Paris, Le Seuil, 2006.

Un modèle social français réorganisé

Dans la perspective des résultats de cette double action sur l'Europe et sur l'organisation du monde – dont il serait bien sûr illusoire de penser qu'ils se feront rapidement sentir –, il faut d'abord s'en remettre à soi-même.

La flexibilité, désormais installée, s'est accompagnée d'une pauvreté accrue des actifs et, plus largement, de leur précarisation massive. Face à ces réalités nouvelles, il n'est plus possible de s'en tenir aux réponses proposées par le « modèle » nordique : son prix, social tout autant que financier, est celui d'une réparation, et il pourrait bien s'avérer trop élevé pour pouvoir, demain, être acquitté.

Il faut s'efforcer d'en inventer un autre qui, tout en s'en inspirant, soit moins coûteux tout en étant aussi soucieux d'une véritable sécurité économique des personnes. Nous proposons de l'organiser autour de trois lignes directrices : le refus des formes de flexibilité qui précarisent le plus les personnes, la déconnexion relative des revenus et de l'activité, une sécurité sociale professionnelle ouvrant de véritables droits pendant les transitions.

Si la flexibilité est inévitable, au regard de l'insécurité qu'elles entraînent, toutes ses formes ne se valent pas.

Aussi faut-il s'attacher à particulièrement décourager toutes celles – CDD, intérim – qui sont liées à des tâches ou à des durées limitées et constituent ce qu'il est convenu d'appeler la « flexibilité externe ». Lorsque les échéances arrivent, elles impliquent en effet la rupture du contrat de travail et des droits qui lui sont associés.

À l'inverse, les formes de « flexibilité interne » – les horaires modulés, le temps partiel –, qui devraient être ouvertes aux seuls contrats à durée indéterminée, ne sont pas à décourager, dès lors que leurs modalités d'application – délai d'information suffisant, amplitude des horaires limitée et programmée, horaires pénibles compensés financièrement... – font l'objet d'un véritable encadrement. Cette flexibilité-là, au moins, ne débouche pas sur la rupture du lien salarial.

Dans cet esprit, la flexibilité externe pourrait être rendue plus coûteuse pour les entreprises, selon un principe bien connu lorsqu'il est appliqué à la pollution : les « précarisateurs » seront les payeurs. Les cotisations sociales des employeurs – chômage et retraite – doivent donc être modulées en fonction de la nature et de la durée du contrat de travail. La règle générale est simple : des cotisations directement proportionnelles à la précarité encourue et inversement proportionnelles à la sécurité procurée. Dans le même temps, les salariés vulnérables ne doivent pas être, de surcroît, les victimes d'une « deuxième peine » en accédant, comme c'est aujourd'hui le cas, à l'indemnisation du chômage dans des conditions plus défavorables que le droit commun. C'est pourquoi les « filières d'indemnisation » doivent être réunifiées, comme c'est le cas au Danemark. Pour répondre à un principe de solidarité, non d'assurance.

Mais c'est surtout la déconnexion relative entre le revenu et le temps d'activité qu'il faut commencer à organiser. Car la flexibilité, désormais à nouveau requise, emporte une précarité généralisée de la condition dans les couches populaires. Peut-on avoir la cause sans, inévitablement, avoir aussi les effets ? Telle est la question essentielle à laquelle il faut trouver réponse. Celle-ci est simple dans son principe : aujourd'hui comme hier, ce n'est pas la flexibilité de l'emploi qui est cause immédiate de la précarité, mais celle des ressources. Si l'activité et l'emploi peuvent fluctuer, la vie, elle, se poursuit... Et elle doit pouvoir se poursuivre. La déconnexion relative des revenus et de l'activité constitue un droit. C'est cela qu'il convient d'organiser au niveau national, à défaut que ce le soit à l'échelle de l'Europe.

On peut ainsi imaginer, s'agissant du temps partiel, que s'appliquent au secteur privé des formules de forfaitisation du salaire qui ont déjà cours dans la fonction publique, où la rémunération est calculée différemment du temps de travail. Ainsi, un travail à temps partiel qui correspond à quatre jours sur cinq, soit 80 %, est-il payé 85 %. Quant aux horaires modulables du temps plein, la durée hebdomadaire contractuelle normale devrait être la base forfaitaire de rémunération minimale, toute heure effectuée au-delà devant être considérée comme supplémentaire, immédiatement payable à taux majoré. Peu importe, d'ailleurs, les solutions « techniques » qui seront trouvées. Mais on voit ainsi qu'il en existe déjà, dont on pourrait s'inspirer. On retiendra surtout de ces jalons qu'il s'agit d'assurer la stabilité et la progression des revenus, en dépit des aléas économiques ; d'affirmer et de construire un ordre public salarial.

Mais c'est avant tout une véritable déconnexion en cas de chômage(s) qu'il s'agit d'organiser ; c'est ici que l'exemple danois s'avère pertinent. Sans doute faudra-t-il savoir enfin accompagner réellement les personnes sans activité dans leur recherche d'emploi, et donner pour cela à l'ANPE les moyens réels de cette action ; il y a une marge certaine, on l'a vu, entre la situation française et celle des pays nordiques. Sans aucun doute faudra-t-il, aussi, faire de la formation professionnelle – dont on sait combien elle profite d'abord à ceux qui en ont le moins besoin – cette « formation tout au long de la vie » que chacun appelle de ses vœux ; il s'agit moins de mobiliser davantage de moyens que de les utiliser de manière moins inégalitaire et de les orienter réellement vers ceux à qui elle est nécessaire.

Mais surtout, il faut le dire très fermement, cette déconnexion passe par un « revenu d'attente » qui :

– concerne tous ceux qui sont dans une situation de transition : salariés licenciés en reconversion, salariés précaires en recherche de situation stable, non-salariés en rupture d'activité, femmes de retour en activité, jeunes en primo-insertion ;

– offre la garantie d'un revenu décent, fixé en regard d'une norme d'emploi permettant d'assurer une existence normale, qui soit au moins égal au seuil de pauvreté et non systématiquement inférieur.

Répondre à cette double condition suppose une refonte drastique de l'ensemble du dispositif d'assurance et de solidarité face au chômage comme des minima sociaux liés à l'exclusion ; il s'agit de construire une réelle articulation entre ce qui constitue, de fait, deux régimes distincts de revenus de remplacement avec, d'un côté, l'indemnisation proprement dite, alimentée par des cotisations sociales et, de l'autre, les minima sociaux (ASS et RMI), financés par l'impôt. On pourrait ici imaginer un véritable régime de rémunérations de remplacement qui, à l'instar des retraites, verrait la solidarité assurer un revenu d'attente de base, les cotisations d'assurance chômage finançant un « second étage » complémentaire. Les partenaires sociaux sont conscients de la nécessité de faire profondément évoluer le système d'indemnisation du chômage. C'est là, assurément, l'un des très grands chantiers de l'avenir.

C'est à ce prix que l'on pourra enfin renouer avec l'ambition qui fut celle de Beveridge – celui-là même qui, après avoir été l'un des « inventeurs » du chômage, fut, trente-cinq années plus tard, celui de la protection sociale moderne – lorsque, au terme de son trajet, il voulut « libérer l'homme du besoin », en s'efforçant de construire les conditions permettant d'« assurer le maintien de l'occupation et la prévention d'un chômage massif »[2]. Et d'éviter ainsi, grâce à la « mobilité organisée » par des institutions d'accompagnement et de placement, ce qu'il appelait le « colportage du travail ». C'est à ce prix que l'on pourra construire la « sécurité sociale professionnelle »[3] que beaucoup souhaitent désormais.

Il faut ensuite, bien sûr, reconquérir l'emploi ; les 2 millions de postes créés entre 1997 et 2002 pendant le gouvernement de Lionel Jospin ont montré que reprendre le chemin du plein-emploi était possible ; il faut poursuivre. Avec le départ à la retraite des générations nombreuses nées pendant le baby-boom, les conditions démographiques s'y prêtent, mais elles ne pourront en aucun cas suffire. C'est une occasion à saisir, non une garantie.

---

2. Sir William Beveridge, *Du travail pour tous dans une société libre*, Paris, Domat Monchrestien, 1945.
3. On pourra, par ailleurs, trouver dans Attali Jacques et Champain Vincent, « Changer de paradigme pour supprimer le chômage », Fondation Jean-Jaurès, novembre 2005, n° 15, une analyse et des propositions très intéressantes.

Créer les emplois de demain et s'insérer vraiment dans l'économie de la connaissance, créer du travail utile – services aux personnes, développement durable (énergies renouvelables, économies d'énergie), logement – dans des activités qui sont aussi abritées de la compétition internationale, voilà quelques pistes. Il s'agit d'encourager, en somme, la création des emplois dans des secteurs qui nous dégageraient relativement de l'étau de la concurrence des pays à bas salaires.

Enfin, nous devons vigoureusement balayer devant notre porte, celle du « modèle social français ». En assurant aux jeunes, notamment ceux des couches populaires, une transition plus aisée – en particulier en leur facilitant une autonomie financière et l'accès à des activités rémunérées pendant leurs études – ainsi qu'une insertion plus rapide et moins fragile dans le monde du travail – les « emplois jeunes » hier, les « emplois tremplins » impulsés par les régions aujourd'hui montrent la voie d'un retour à une situation moins anormale. Il restera, ensuite, à les consolider et à les transformer en une insertion solide et durable.

Ce sont là les quelques jalons que l'on est ici amené à proposer pour une réforme d'un modèle social français profondément pris en défaut. Mais, bâtie à l'échelle d'une nation, face à la wal-martisation du monde, cette digue sera fragile. Cette nécessaire réorganisation ne sera qu'un dérisoire barrage contre le Pacifique, voué à la destruction, si elle n'est pas, à terme, relayée par l'édification d'un espace de sécurité à l'échelle de la région.

Question sociale, question démocratique

À l'origine de cet ouvrage était la pauvreté, supposée « nouvelle ». On a pu voir qu'elle n'était en fait que la face émergée d'un iceberg nommé précarité qui, même s'il peut concerner chacun, prend d'abord les couches populaires pour cible.

L'installation de cette pauvreté et de cette précarité renvoie en cela aux réalités de classe de nos sociétés ; des réalités que l'on avait un peu vite oubliées, voire enterrées. Par le caractère massif, durable et concentré de ses effets, cette nouvelle donne est constitutive d'un paupérisme.

Récente, son développement rapide est aisément repérable dans l'évolution des différentes formes, naguère encore « atypiques » et désormais simplement « particulières » de l'emploi. Elles témoignent, dans leur mesure comme dans leur intitulé, de la dégradation du salariat. Elle n'est pourtant pas encore achevée puisque, aux dires mêmes de ceux qui la promeuvent, la « réforme structurelle du marché du travail » à laquelle les organisations internationales voudraient tant nous assujettir reste devant nous.

La montée de la pauvreté et de la précarité renvoie à la profonde transformation économique et sociale en cours ; elle témoigne de la dissolution actuelle des formes constitutives de la « condition salariale ». Édifiée au cours du siècle précédent, ayant connu son apogée au cours des Trente Glorieuses, elle s'efface aujourd'hui, dessinant à nouveau les traits caractéristiques qui ont marqué le XIXe siècle de leur empreinte.

La fin de la condition salariale signale le retour de la condition prolétarienne ; l'établissement du paupérisme celui de la question sociale.

C'est d'un véritable basculement du monde qu'il s'agit. Nous changeons de capitalisme. La mobilité quasi parfaite du capital pousse à une autonomisation financière par rapport à l'économie « réelle » et assure la mise en concurrence des salariés, où qu'ils se trouvent sur la planète. Dans cette compétition, l'industriel perd la main au profit du commerçant et plus encore du financier. Le salarié, lui, voit disparaître les garde-fous qui, dans les pays anciennement industrialisés du moins, avaient été établis pour le protéger.

Dans cette transformation, ce n'est d'ailleurs pas seulement d'une libéralisation qu'il est question. En s'efforçant de tout recouvrir des exigences qui sont désormais les siennes, l'économique voudrait assurer son hégémonie et son emprise sur l'ensemble de la société et de ce qui s'y désire. Pour paraphraser les propos d'un

aggiornamentos. Pourtant, mêmes profonds – une « troisième voie » ici, une grande coalition là, une refondation ailleurs –, ils ne permettent pas de retrouver prise sur le réel : la crise est toujours là, s'approfondit même.

Ce moment est donc aussi celui de l'incapacité à le comprendre et à l'analyser : il n'est au fond guère pensé que comme une montée des inégalités, sans lien entre elles et rapportées à des causes proprement insignifiantes[4]. Ce moment n'a pas même de sens.

Face à pareille absurdité de ce qui est vécu, comme face à ce vide qui s'installe – vide d'explication, vide de références idéologiques, vide d'efficacité de l'action –, la crise sociale et de société que provoquent les mutations du capitalisme débouche sur une crise politique.

C'est que nos régimes représentatifs sont des oligarchies[5]. Le pouvoir y est naturellement accaparé par les couches sociales qui disposent du bagage culturel et de l'autonomie financière nécessaires dans la compétition politique. Comment comprendre autrement que les couches populaires – 55 % de la population – ne représentent que moins de 2 % des députés ?

Les élites politiques sont donc des élites salariales qui vivent une mondialisation relativement heureuse. Le basculement du monde, elles le ressentent, mais il est pour elles une opportunité et un défi plutôt qu'une difficulté insurmontable.

Sans doute les situations les plus marquantes, les plus extrêmes, celles de la pauvreté précisément, sont-elles régulièrement aperçues, dénoncées et éventuellement gérées dans des politiques qui ne sont pas indifférentes. Mais si elles traitent ainsi ce qui constitue l'horizon

---

4. Voir, par exemple, dans des problématiques bien différentes, deux interrogations similaires à celle qui est ici la nôtre : DUBAR CLAUDE, « Société sans classes ou sans discours de classe ni perspective de transformation sociale ? », in *Que reste-t-il des classes sociales ?*, *op. cit.* ; MAURIN LOUIS et SAVIDAN PATRICK, « Inégalités, il est temps de lever le voile », *Alternatives économiques*, n° 251, octobre 2006.

5. Sur ces points, voir entre beaucoup d'autres, CANFORA LOUIS, *L'Imposture démocratique*, Paris, Flammarion, 2003 ; RANCIÈRE JACQUES, *La Haine de la démocratie*, Paris, La Fabrique, 2005.

redouté des couches populaires, ces politiques ignorent ce qui en fait le quotidien le plus largement partagé : la précarité et la crainte du déclassement. Elles inventent le RMI et la CMU, mais se préoccupent somme toute peu du pouvoir d'achat et d'une réelle égalité des droits et des chances.

Sans plus guère de références, sans représentation ni représentants, les couches populaires vivent ainsi ce qui est pour elles une profonde descente dans l'indicibilité, l'invisibilité et l'absence de perspective.

Constatant que, à travers le développement de l'assistance, le politique ne donne de réponse qu'à ce qu'elles se refusent à envisager – la pauvreté –, les couches populaires n'y trouvent ni de quoi espérer consolider quelque peu leur situation en l'éloignant de la précarité, ni de quoi étayer un quelconque projet d'avenir. Oubliées, ignorées aux yeux de ce qui s'identifie à la démocratie politique, elles s'en détournent alors. Pourquoi, en effet, faudrait-il s'occuper de qui se préoccupe si peu de soi ? Ainsi, même dans la démocratie du suffrage universel, le pays légal peut-il s'éloigner du pays réel...

Au cœur de cette distanciation progressive, trois réalités essentielles émergent : le désintérêt montant à l'égard des partis de gouvernement – de la gauche en particulier –, l'éloignement du politique – dont témoigne la montée de l'abstention – et, surtout, le déport massif vers l'extrême droite et le populisme.

Cette réalité-là est française[6]. Elle a été scandée par des alternances régulières depuis 1981. Elle a aussi, comme l'on sait, été marquée par le retour du « vote de classe » qui a manifesté à deux reprises – traité de Maastricht, projet de traité constitutionnel – le désaveu par les classes populaires de l'Europe telle que les économistes et les élites salariales la construisent. Elles y ont été rejointes par les agents des services publics qui, pour n'être pas directement exposés au vent de la mondialisation, n'en voient pas moins les instruments de leur

6. On trouvera dans Meyer Nonna, « Que reste-t-il du vote de classe : le cas français », in *Que reste-t-il des classes sociales ?*, *op. cit.*, une analyse d'ensemble de cet éloignement.

action s'affaiblir quand ils ne disparaissent pas purement et simplement. Cette réalité a, enfin, connu son paroxysme avec l'éviction de la gauche au premier tour de l'élection présidentielle de 2002 et la présence du Front national au second.

Mais cette situation ne relève nullement d'une spécificité : elle est générale en Europe. Des événements récents l'ont illustrée avec éclat. En Allemagne, le parti néonazi NPD est maintenant présent dans trois Länder et a fait une percée remarquée à Berlin ; en Belgique, les élections municipales ont en Flandres confirmé la présence massive des nationalistes du Vlaams Belang ; de même, trois ans après la percée de Pim Fortuyn, les élections municipales aux Pays-Bas ont confirmé la permanence d'un courant populiste fort ; le Parti du progrès, en Norvège, comme le Parti du peuple danois, comme la Nouvelle démocratie en Suède, viennent de progresser sensiblement... Est-il vraiment nécessaire de poursuivre cette triste liste ?

Cette situation n'est pourtant pas une nouveauté et n'a rien d'une révélation pour qui s'efforce de garder les yeux ouverts : « Les succès électoraux de la droite radicale dans les années 1990 ont été particulièrement spectaculaires en Autriche et en Suisse. Ils ont été considérables en France, en Belgique (du moins dans la région des Flandres), en Norvège et dans le nord de l'Italie, et assez importants au Danemark[7]. »

Ces événements récents ne sont ainsi qu'un prolongement, et ce n'est guère le modèle social ni même politique qui sont seuls en cause !

Ces mouvements se nourrissent de la mobilisation des ressentiments ; l'abandon des couches populaires joue là un rôle essentiel. Comme le remarque un analyste belge, « en Flandres comme ailleurs en Europe, l'extrême droite ne reculera pas durablement tant que les couches populaires resteront abandonnées, leurs revendications ignorées et leur mal-être méprisé[8] ».

---

7. BETZ HANS-GEORG, *La Droite populiste en Europe*, *op. cit.*, p. 26.
8. VAN DEN BRIK R., « la Flandre redoute une poussée brune », *Le Monde diplomatique*, mai 2003, cité in BETZ HANS-GEORG, *op. cit.*, qui reprend cette analyse à son compte.

De quelque « modèle social » qu'il s'agisse, ce délaissement est général en Europe ; il finit par mettre en cause les fondements mêmes de nos démocraties. Il faudra donc aussi – VIe République ou pas – une profonde refonte de nos institutions. Et surtout que changent les formes mêmes de la politique et qu'une attention véritable soit enfin portée aux problèmes rencontrés au quotidien par les couches populaires. Elles sont plus préoccupées de leurs difficultés de logement, de pouvoir d'achat et d'accès de leurs enfants à une scolarité efficace qu'attentives aux « questions de société » qui sans fin agitent les médias.

Ceux-là, tout simplement, redoutent que, de leur travail, ils ne puissent vivre. L'insécurité économique est leur lot ou leur peur, et c'est à cela qu'il faut d'abord répondre. Ils savent plus ou moins confusément que le wal-martisme conquérant s'y oppose, ils voient qu'il parvient à ses fins, ils risquent bien de finir par s'en remettre à ceux qui leur proposeront autre chose.

Il n'est d'ordre démocratique, Spinoza nous le rappelait au début de ce livre, que celui qui « vise à libérer l'individu de la crainte, de sorte que chacun vive autant que possible en sécurité ». Mais il n'est pas d'ordre que juste et démocratique. Il peut être celui de la coercition, il en est ; ou de l'évasion imaginaire, du semblant et du spectacle – nous y sommes.

La précarité installée, l'insécurité économique généralisée, naturalisée instaure une société qui ne peut en rien passer pour être celle, simplement injuste, des inégalités, mais se découvre être celle des discriminations et des ségrégations, de l'absence de maîtrise de son destin.

Dans cette précarité où les difficultés du présent oblitèrent l'avenir, les qualités propres des personnes sont ignorées, déniées, bafouées. La détermination sociale y prévaut et apparaît dans toute sa cruauté. Pour ceux-là qui s'y trouvent enfermés, les illusions de réussite individuelle perdues, ne restent plus que des destins de classe.

Devant cette impossibilité à avoir prise sur sa propre vie, comment ne pas comprendre que l'on puisse désespérer aussi du politique et d'une démocratie décidément impuissante face aux marchés ?

Il y a plus d'un siècle et demi, la question sociale s'invitait avec fracas sur la scène politique, française d'abord, européenne ensuite, en exigeant la « république démocratique et sociale ». La « sociale », la République et la démocratie comme réponses à la question sociale. Est-ce d'autre chose qu'il s'agit aujourd'hui ?

ancien Premier ministre, l'économie de marché voudrait se muer en société de marché ; tout a vocation à devenir objet marchand. Il n'est ainsi plus d'autre raison que la sienne, et ses contraintes particulières se croient désormais à la fois générales et irrécusables. Autant dire qu'elles se voudraient universelles. Dans cette pensée unique qui s'est installée, toute évasion est déraison et tout éloignement doit faire l'objet d'un rappel à l'ordre de l'« ajustement structurel » ; les économistes et les institutions internationales où ils règnent sont là pour y veiller. La liberté se mesure alors chichement aux incertaines « marges de manœuvre » que la bonne conduite finira, espère-t-on, par permettre d'engranger... Les récentes réflexions critiques de Joseph Stiglitz ou Amartya Sen, pour ne citer qu'eux, indiquent certes les limites d'une telle pensée, comme les résistances qu'elle rencontre ; elles n'exercent pourtant pas encore une influence sur le réel : elles sont saluées, pas utilisées.

Ainsi, dans ce qu'il peut croire être son assomption, cet ordre-là finit-il par se rêver fin de l'Histoire. Séparée de la société depuis l'aube des temps, l'économie lui fait aujourd'hui retour ; non plus seulement pour tenter, comme toujours, de l'asservir ; mais bien pour la recouvrir tout entière. Ainsi, la partie finit par réellement se prendre pour le tout de l'activité humaine. L'économie contre la société...

Or, dans le moment même où la précarité se généralise et paraît s'être installée durablement, s'effondrent les repères idéologiques et politiques qui servaient de références aux couches populaires.

L'échec du « socialisme réel » sans doute, et, avec lui, celui du communisme. Mais la faillite, aussi, peu à peu affirmée, des social-démocraties : mondialisation aidant, le keynésianisme dans un seul pays n'est plus opérant et ne parvient plus à assurer la pérennité d'un État providence désormais défaillant et voué à l'assistance. La France, particulièrement, a eu à l'éprouver lorsque, en 1983, deux années après le retour de la gauche au pouvoir, il fallut ouvrir une « parenthèse » jamais depuis lors véritablement refermée.

Ce moment est alors celui d'une impuissance générale à endiguer la montée du chômage et des insécurités ; celui, enfin, des

De quelque « modèle social » qu'il s'agisse, ce délaissement est général en Europe ; il finit par mettre en cause les fondements mêmes de nos démocraties. Il faudra donc aussi – VIe République ou pas – une profonde refonte de nos institutions. Et surtout que changent les formes mêmes de la politique et qu'une attention véritable soit enfin portée aux problèmes rencontrés au quotidien par les couches populaires. Elles sont plus préoccupées de leurs difficultés de logement, de pouvoir d'achat et d'accès de leurs enfants à une scolarité efficace qu'attentives aux « questions de société » qui sans fin agitent les médias.

Ceux-là, tout simplement, redoutent que, de leur travail, ils ne puissent vivre. L'insécurité économique est leur lot ou leur peur, et c'est à cela qu'il faut d'abord répondre. Ils savent plus ou moins confusément que le wal-martisme conquérant s'y oppose, ils voient qu'il parvient à ses fins, ils risquent bien de finir par s'en remettre à ceux qui leur proposeront autre chose.

Il n'est d'ordre démocratique, Spinoza nous le rappelait au début de ce livre, que celui qui « vise à libérer l'individu de la crainte, de sorte que chacun vive autant que possible en sécurité ». Mais il n'est pas d'ordre que juste et démocratique. Il peut être celui de la coercition, il en est ; ou de l'évasion imaginaire, du semblant et du spectacle – nous y sommes.

La précarité installée, l'insécurité économique généralisée, naturalisée instaure une société qui ne peut en rien passer pour être celle, simplement injuste, des inégalités, mais se découvre être celle des discriminations et des ségrégations, de l'absence de maîtrise de son destin.

Dans cette précarité où les difficultés du présent oblitèrent l'avenir, les qualités propres des personnes sont ignorées, déniées, bafouées. La détermination sociale y prévaut et apparaît dans toute sa cruauté. Pour ceux-là qui s'y trouvent enfermés, les illusions de réussite individuelle perdues, ne restent plus que des destins de classe.

Devant cette impossibilité à avoir prise sur sa propre vie, comment ne pas comprendre que l'on puisse désespérer aussi du politique et d'une démocratie décidément impuissante face aux marchés ?

Il y a plus d'un siècle et demi, la question sociale s'invitait avec fracas sur la scène politique, française d'abord, européenne ensuite, en exigeant la « république démocratique et sociale ». La « sociale », la République et la démocratie comme réponses à la question sociale. Est-ce d'autre chose qu'il s'agit aujourd'hui ?

REMERCIEMENTS

À Jean-Jacques Dupeyroux sans qui ce livre n'aurait pu exister, à Sandrine Tolotti pour son travail éditorial.
Et puis, surtout, à Lucile, Claire et Bastien, qui m'ont apporté leur soutien tout au long de sa gestation.

La France contemporaine aux éditions Autrement

Atlas des Français aujourd'hui
Laurence Duboys Fresney
Préface de Christian Baudelot
Coll. Atlas/Monde
184 p. – 25 € – ISBN : 978-2-7467-0825-9

Atlas des nouvelles fractures sociales en France
Christophe Guilly et Christophe Noyé
Nouvelle édition (février 2006)
Coll. Atlas/Monde
72 p. – 15 € – ISBN : 978-2-7467-0822-8

Peut-on réformer la France ?
Frits Bolkestein – Michel Rocard
Coll. Frontières
128 p. – 13 € – ISBN : 978-2-7467-0858-7

Fantassins de la République
Vincent Drouin
Coll. Acteurs de la société
224 p. – 19 € – ISBN : 978-2-7467-0826-6

La France injuste
Timothy B. Smith
Préface de Jean Boissonnat
Coll. Frontières
360 p. – 22 € – ISBN : 978-2-7467-0786-3

Militer aujourd'hui
Spyros Franguiadakis, Jacques Ion et Pascal Viot
Coll. CEVIPOF
144 p. – 13 € – ISBN : 978-2-7467-0606-4

L'Europe aux éditions Autrement

Atlas d'une nouvelle Europe
Nouvelle édition (septembre 2005)
Pierre Beckouche et Yann Richard
Coll. Atlas/Monde
72 p. – 15 € – ISBN : 978-2-7467-0780-1

L'Europe des Vingt-Cinq
25 cartes pour un jeu complexe
Christian Lequesne et Jacques Rupnik
Coll. CERI
96 p. – 13 € – ISBN : 978-2-7467-0703-9

Lisières d'Europe
Guy-Pierre Chomette
Photographies de Frédéric Sautereau
Coll. Frontières
360 p. – 25 € – ISBN : 978-2-7467-0501-2

Achevé d'imprimer en février 2007 sur les presses de l'imprimerie Corlet
à Condé-sur-Noireau (Calvados), France, pour le compte des Éditions Autrement,
77, rue du Faubourg-Saint-Antoine, 75011 Paris.
Tél. : 01 44 73 80 00. Fax : 01 44 73 00 12. N° d'imprimeur : 97873.
ISBN : 978-2-7467-0974-4. Dépôt légal : mars 2007.